丛书编委会

总　策　划：来新国　王文成

编委会主任：郭齐勇　周晓亮

编　　　委：来新国　陈知涯　张　彧　尹格韬　沈　众

　　　　　　王文成　孟淑贤　周长志　罗养毅　秦　丹

　　　　　　乌　琛

大家精要

孔颖达

张鸿 著

Kong Yingda

陕西师范大学出版总社

图书代号 SK16N1065

图书在版编目（CIP）数据

孔颖达/张鸿著. —西安：陕西师范大学出版总社有限公司，2017.1（2024.1重印）
（大家精要）
ISBN 978-7-5613-8877-8

Ⅰ.①孔… Ⅱ.①张… Ⅲ.①孔颖达（574—648）—传记 Ⅳ.①B241.95

中国版本图书馆CIP数据核字（2017）第000248号

孔颖达　KONG YINGDA

张　鸿　著

责任编辑	郑若萍
责任校对	马凤霞
特约编辑	石慧敏
封面设计	张潇伊
出版发行	陕西师范大学出版总社
	（西安市长安南路199号　邮编710062）
网　址	http://www.snupg.com
印　制	永清县晔盛亚胶印有限公司
开　本	650 mm × 930 mm　1/16
印　张	10
字　数	100千
版　次	2017年1月第1版
印　次	2024年1月第2次印刷
书　号	ISBN 978-7-5613-8877-8
定　价	45.00元

读者购书、书店添货或发现印刷装订问题，请与本公司销售部联系、调换。

电话：（029）85303879　　传真：（029）85307864　85303629

目　录

第 1 章

政治动乱中的前半生

孔颖达（574~648），字冲远（一作仲达），冀州衡水（今河北省衡水市）人，隋唐之际的著名思想家、教育家。他是孔子后裔，生于北朝，有家学渊源。少时曾问学于隋朝大儒刘焯等一批名师。在隋朝，他于大业初年（605）举明经高第，授河内郡博士。大业四年，隋炀帝令全国学官集会洛阳，讨论经义。孔颖达辨析经义，力挫群儒，荣获第一，补太学助教。在唐朝，他是太宗的重要辅臣，曾跻身秦王十八学士，历任国子博士、国子司业、国子监祭酒等，封曲阜县子。辞世后陪葬昭陵，谥号为曲阜宪公。

孔颖达参与了唐初的一系列文化建设，主要有与魏徵等撰成《隋书》，主持编纂《五经正义》等。他以儒学为宗本，兼取南学、北学的经学思想与学术成果，吸收道家及玄学天道自然、大道为本的思辨成果，提出自然本体与伦理本位相结合的道论，在经学思想、哲学思想、政治思想、教育思想上多有创见。孔颖达所主持编纂的《五经正义》是唐代钦定的学校教育的主要教材和科举取士的经义标准，后来被收入《十三经注疏》。这部经学名著统一了儒家经典的文字和注释，增强了儒学的统一性和凝聚力；以天道自然论弱化天人感应论，基本完成了儒学哲学的转型；义疏兼具训诂诠释、阐明义理和经世致用的成分，为从汉唐经学向宋明理学过渡作了学术上的准备，因而在儒学发展史上占有继往开来的重要地位。这一学术贡献也奠定了孔颖达在中国思想史上的地位。

按照通常的历史分期，孔颖达前半生恰逢从"魏晋南北朝时期"向"隋唐时期"过渡的时代。他生于北齐武平五年，最初他算是北齐的臣民，后来又先后成为北周、隋朝和唐朝的臣民。孔颖达的前半生是在政治动荡中度过的。他的学识与才智正是在这样的社会环境下逐步形成的。

一、家世与家学

梁启超在《中国历史研究法》一书中提示我们："如果为那些确实曾经创造历史的人物立传，就要仔细研究他们的一生。不仅留心他们的大事，就连小事亦当注意。大事看环境，社会，风俗，时代；小事看性格，家世，地方，嗜好，平常的言语行动，乃至小端末节，概不放松。最要紧的是看这一类历史人物为什么具有创造的历史力量。"孔颖达就是一位在思想文化领域创造了历史的大家。他之所以能够对中国古代学术发展史和思想发展史作出重要贡献，与其家世与家学有着密切的关系。

出身"天下第一名门"

孔颖达祖籍山东曲阜。他是孔子第三十二世孙。作为儒家经学大师，孔颖达既是孔子的传人，又是孔学的传人。无论是孔氏家族传承史上，还是孔子之学传承史上，出自"天下第一名门"并传承"天下第一显学"的孔颖达都是一位标志性的历史人物。因此，要全面认识孔颖达，并作出恰当的定位与评价，有必要先大体了解一下孔子、孔子之学与孔子世家。

孔子是儒家学派创始人。他的先世为宋国贵族，曾祖父时移居鲁国。父亲叔梁纥是鲁国下级武官。孔子早年从事"儒"的工作，为人主持各种礼仪活动。相传他曾问礼于老聃，习乐于苌弘，学琴于师襄，还曾向郯子请教典故。曾任鲁国中都宰，后升任司空、司寇。孔子聚徒讲学，开创私人讲学之风，相传弟子三千，著名者七十余人。据说，孔子曾研究、整理、删定"六经"《诗》《书》《礼》《乐》《易》《春秋》。"六经"都是中国古代最重要的经典文献，属于"中华元典"范畴。

在先秦，孔子之学是一大显学。孔子生活在社会变革初露端倪的年代，他的思想有新旧合参的特征。孔子一方面以维护、传承、弘扬殷周主流文化为宗旨，具有浓重的保守色彩；另一方面试图完善、损益、改良西周王制政治，具有一定的革新因素。孔子之学既有传统文化优势，又有与时俱进的特点，还可以为保守、改良、革新等各种取向提供思想资源，因而其影响极其广泛。除为数众多的儒家传人外，其他学派的著名思想家也大多与儒家有深厚的学术渊源关系，如墨家创始人墨子本是儒家弟子，法家代表人物吴起、韩非曾经师从名儒，阴阳家、名家诸子的政论大多与儒家接近。商鞅发挥孔子天子一统、任贤使能、足食足兵、取信于民的思想，为当时的社会变革作出了重大历史贡献。这种现象表明，孔子之学与传统文化的关系最密切，在当时的社会影响也最广泛。在一定意义上甚至可以说，除儒学本宗外，墨家、法家等学派也是从孔子之学中分化出来的。这就奠定了孔子在中国思想文化史上的重要地位。

孔子生前并不得志，做官从政的时间不长。他之所以在死后名扬天下，得益于弟子们的宣扬。孔子弟子中一批有钱有势的人交结各国权要，四处宣扬孔子的学说，影响各国政治。孔子再传弟子也多有为"王者师"的，如田子方、段干木、吴起、禽滑厘等。当时读书做官的人大多出自儒家，其中许多人是高官显宦。孟子、荀子是战国儒学两大巨擘，他们也跻身大夫之列。荀子还做过齐襄王的老师。无论在朝在野，儒家传人都将宗师仲尼奉为"圣人"，将孔子之书奉为"经典"，将孔子之学奉为"王道"。于是，孔子由学术宗师转化为儒家学派的圣贤偶像。

孔子声望日益尊显的主要原因是历代统治者的青睐。在先秦，尊崇儒者的君主并非罕见，他们或以名儒为师，如魏文侯与子夏；或与名儒论政，如滕文公与孟子；或崇尚仁义之政，如赵烈侯与其辅臣。到秦朝，读书做官的人大多深受儒家学说的影响。孔子之学与君主政治紧密地结合在一起，形成影响广泛的学术势力和不可小视的政治势力。倡导法治的秦始皇竟成为第一位礼拜孔子的皇帝，鄙薄儒生的汉高祖成为第一位祭祀孔子的皇帝，这绝非偶然。

自汉武帝以来，统治者"推明孔氏，抑黜百家"。于是孔子的学说被立为官学，孔子的著述被奉为经典，孔子的子孙被尊为圣裔。汉元帝封孔子后裔孔霸为关内侯，食邑八百户，奉祀孔子，号"褒成君"。从此，孔子后裔开始有封爵。汉平帝追谥孔子为"襃成宣尼公"。从此，孔子开始有谥号。汉平帝加封孔子后裔为列侯，食邑两千户。王莽和汉光武帝封孔子后裔为"襃成侯"，让他们世袭贵族称号。从此以后，孔氏裔孙大多有世袭的爵位。唐朝追谥孔子为"文宣王"，立文宣王庙，按时祭祀，并敬孔子后嗣为"文宣公"，世代相承。历代帝王尊孔崇儒，使孔氏逐渐发展成为一个显赫的家族，以致孔府在民间有"天下第一家"的美称。

秦汉以来，一家一姓的王朝有兴有亡，世家大姓的门第有盛有衰，豪强大族的人众有聚有散，而唯有孔氏家族在历朝历代都有嫡派子孙或享有世袭封爵，或担任高官显宦。孔子世家堪称天下第一名门大族。孔颖达就是孔子世家中的一位著名历史人物。

承继丰厚的家学渊源

孔颖达不仅是孔子的直系后裔，而且是经学素养颇高的孔学传人。他之所以能够在学术上、思想上作出重要的历史贡献，与其承继了丰厚的家学渊源不无关系。

孔子之学可以算是孔氏家族的家学。在春秋战国时期，孔子的子孙中就出了一批名儒名宦。其中，孔子之孙孔伋曾担任鲁穆公的老师。孔伋之子孔白曾任齐威王相。孔白之孙孔箕曾任魏相。孔箕之孙孔斌（一名胤）曾任魏文侯相。其中孔伋是一位著名的思想家。

孔伋，字子思，战国初年人，孔子之孙，孔鲤之子，曾担任鲁穆公的老师。相传子思受业于孔子高足曾参。孔伋自幼承家训，传孔门心法，对孔子的中庸思想多有阐发，著有《子思》二十三篇。据说，现存《礼记》中的《中庸》《表记》为子思所作。他的学说经孟子发挥，形成思孟学派。在儒学体系中，思孟学派的影响极为深远。因此，后世统治者尊子思为"述圣"。

秦汉以降，孔氏家族涌现出众多的著名历史人物，其中孔鲋、孔安国、孔融和孔颖达等都是一代名儒，在思想文化发展史和儒家经学发展史上有一定的地位。

孔鲋（约前264～前208），孔斌之子，为孔子八世孙。在秦朝担任博士，传授孔子之学。陈胜、吴广起兵反秦，建立大陈政权，孔鲋与鲁国儒生出于对"焚《诗》《书》，坑术士"的愤恨，携带孔氏之礼器投奔陈胜，任博士。不久，陈胜兵败，孔鲋亦死于乱军之中。

西汉时期的孔安国（生卒年不详）是孔子第十二世孙。汉武帝时为谏大夫，历任侍中太常、尚书左右仆射等。孔安国是《尚书》古文学派的开创者。据说，汉武帝末年，从孔子旧宅墙壁中发现一批古文经书，其中《尚书》比伏生所传《今文尚书》二十九篇多十六篇，这就是《古文尚书》。孔安国能够读懂古代文字，他奉诏整理这批古文经书，将《尚书》定为五十八篇。相传，孔安国著有《尚书孔氏传》。学者认为现存《尚书孔氏传》系后人伪托。

孔融（153～208），字文举，东汉末年人，孔子后裔。他聪慧好学，举高第，任职朝廷。在担任北海相期间，创办学校，弘扬儒术。后因得罪曹操，构陷成罪，全家被诛。著有文集，后散佚，明人辑有《孔北海集》。孔融以文辞著称于世，被列为"建安七子"之一。

孔颖达的家族世系可以追溯到孔鲋之弟孔腾。孔腾曾任汉惠帝博士。其子孔忠亦任博士。孔忠有两个儿子，即长子孔武，次子孔安国。孔武之子孔延年官至大将军、太傅。孔延年之子孔霸曾任给事中、高密相，封褒成君。孔霸之子孔福袭关内侯。孔颖达是孔府的直系后裔。

汉代以来，随着社会政治地位的提高和生存条件的改善，孔氏家族得到优越的繁衍生息的机会。由于出任官职等原因，越来越多的孔氏后裔由山东迁到其他地方。其中，孔福第七世孙孔郁任东汉冀州刺史，袭爵关内侯。其子孔扬被封为下博亭侯（封地在今河北省深州市东南与衡水市交界处）。此后，孔扬的子孙大多定居下博。在外迁的孔氏族人中，比较有影响的就是下博这一支。在隋、唐，汉代下博的南部在行政区划上归属冀州衡水。因此，作为下博孔氏的一员，孔颖达的籍贯是冀州衡水。

孔颖达的曾祖父孔灵龟是孔扬七世孙，北魏时任国子博士，也是一代名儒。孔颖达的祖父孔硕，北魏时官至治书侍御史（《旧唐书》说任南台丞，非终官）。孔硕为官正直，他头戴装饰着獬豸（一种传说中的神羊）的法官帽子，威重严明，赏善罚暴，"权豪为之屏踪"，"风俗以之肃清"。孔颖达的父亲孔安，北齐时任青州法曹参军，为官清廉，执法公正，志在宽简，受人爱戴，是一位服膺儒学的循吏。

孔颖达出生在一个世世官宦、代代书香的家庭。他的曾祖父、祖父、父亲都是掌管教育或法纪的官员。他的家庭有历史久远的家学渊源，有博大丰厚的知识积累，主要家庭成员也大多有较高文化素养，有的还通晓吏治，参与政务。这样的家世、家学、家风，对孔颖达产生了深刻的影响。正是这样的社会身份，这样的家学渊源，这样的家庭条件，为孔颖达提供了一个良好的成长与学习的环境。早在年轻时，孔颖达便通经明礼,博览群书,这为他日后成长为学冠群儒的经学大师奠定了良好的知识基础。孔颖达自幼修习礼仪,"少怀远大之操",关心国家政务,自然也与家庭环境的熏陶、父祖长辈的引导有直接的关系。从父祖对孔颖达的期望中也可以体味到这一点。"孔颖达"之义就是:志略远大,见识通达,才能秀出,显达扬名。要想真正成为这样的人,首先必须接受良好的教育,形成优秀的人格素质。孔颖达做到了这一点。

饮誉乡里的少年才俊

孔颖达有幸生活在国家逐渐统一、统治者重振儒学的时代。敦厚纯正的家学根基与崇儒兴教的社会背景,既孕育、滋养着"学富石渠""思极挟天"的通儒,也为通儒施展才华提供了良好的机遇和广阔的舞台。孔颖达正是那个时代的通儒之一。他自幼聪敏,勤奋好学,志向远大,才智超群,堪称饮誉乡里的少年才俊。

公元 577 年,孔颖达四岁时,北周灭了北齐,统一中国北方。北周武帝雄才大略,政教清明,崇尚儒学,盛修文教。于是,在这个北方少数民族建立的国度里,儒雅重文之风居然不让人文荟萃的江南王朝。在北齐、北周时期,科举制开始萌芽。北齐时选举人才的门第条件已经放宽许多。北周统治者唯才是举,广泛收罗人才,开始从制度上破除以家世门第选拔人才的原则。这在社会上必然兴起重视教育的风尚。一些有远见的士大夫极为重视子女教育。例如,当时的名士颜之推,就谆谆告诫子孙:"积财千万,不如薄技在身。技之易习而可贵者无过读书也。"一时间仕宦之族、缙绅之家,相率督课子孙,教以儒业。孔颖达出身于有家学渊源和文化教养的家庭,又赶上这样一个重视儒学教育的时代，可谓兼得天时、地利、人和。

孔颖达八岁时，又发生了一次改朝换代。581年农历二月，杨坚废了北周静帝，登上皇帝宝座，国号大隋，改元开皇，是为隋文帝。开皇八年（588），隋军大举渡江南下，以摧枯拉朽之势直捣陈朝首都。陈后主陈叔宝及其爱妃成了隋军的阶下囚。隋朝完成了统一大业，结束了自东晋以来近三百年南北对峙、战乱频仍的分裂局面。孔颖达一生中有近四十年是在隋朝度过的。

隋朝是一个崇儒学、兴学校、开科举的时代。隋文帝是一代英主，他很快就使国家政治步入正轨，史称"天下大同，声教远被"，"人庶殷繁，帑藏充实"。隋文帝颇重儒术，大兴学校，广收生徒。一时间求学之风盛行，"负笈追师，不远千里，讲诵之声，道路不绝"。故史称"中州儒雅之盛，自汉魏以来，一时而已"！国家统一，政通人和，儒学兴盛，文化繁荣，尊师重道蔚然成风，这就为广大学子的求学与进取提供了很好的社会条件、文化氛围和历史机遇。

童年时期的孔颖达无半点纨绔子弟的习气。小伙伴们嬉戏玩耍的时候，孔颖达却在刻苦读书。他八岁拜师就学，开始了正规的学习道路。孔颖达天资聪慧，勤奋好学，寻师问道，博闻强记。他经常通宵达旦地读书，坚持每日背诵经书千言以上。因此，幼年之时的孔颖达就能熟记《三礼义宗》。南朝梁崔灵恩所撰《三礼义宗》共四十七卷。孔颖达小小年纪就能够记诵这样一部卷帙繁多的经学著作，可见其学习刻苦，悟性极佳。

数年后，孔颖达又先后精通了《左传》《尚书》《周易》

《礼记》《诗经》等儒家经典。他尤为熟悉《诗经》的毛亨传、《尚书》的郑玄注和《周易》的王弼注，还兼通诸子百家，并掌握了天文、算术、历法等方面的知识，诗文也作得很出色。《孔颖达碑》赞之曰："庭罗俎豆，幼习升降之礼；门列骖驵，少怀远大之操。"这并非溢美之词。

少年时期的孔颖达表现出超凡的才智、坚忍的意志和远大的抱负。当时就有一些人预言他前途无量，日后定会干出一番丰功伟业。同乡人刘昌辉对孔颖达的才华颇为赞赏，料定他日后必将大有作为。后来的事实证明，刘昌辉的确称得上"有知人之鉴"。

就教于一代通儒刘焯

青少年时期的孔颖达已经在乡里享有一定的声望。他并不为取得的成绩而骄矜自满，而是寻师访友，增广见闻，提高学识。开皇十二年（592），孔颖达曾向名冠一时的博学通儒刘焯请教学问，这使他受益匪浅。

他所处的隋朝，文化昌盛，人物荟萃，因而产生了一批饱读经书、学识渊博、极富文采的大学者。其中，并称"二刘"的经学大师刘焯、刘炫最为著名。他们的学术思想对孔颖达有深刻的影响。

刘焯（544～608），字士元，隋朝著名的经学家、天文学家，信都昌亭（今河北冀州）人，与孔颖达同郡。刘焯自幼聪慧，勤奋好学，曾向信都郡的刘轨思学习《诗》，向广平的郭懋常学习《左传》，向阜城的熊安生学习《礼》，后又在武强大儒刘智海家苦读十年，终于成为知名学者，出任州博士。开皇年间，刘焯举秀才，拜为员外将军。刘焯清高孤傲，秉性耿直，为官期间经常抨击时政，终为同僚所忌恨，为朝廷所不容，被革职还乡。从此，他游学授徒于乡里，致力于教育和著述。隋炀帝即位后，他被重新起用，任太学博士。刘焯的著作《稽极》十卷、《历书》十卷、《五经述议》、《浑天仪》等均已亡佚。只有《皇极历》收入《隋书·律历志》，得以流传至今。孔颖达主编的《五经正义》中保存了刘焯的一些经学注疏。

刘炫（约546~约613），字光伯，河间景城（今河北献县东北）人，官至太学博士。著有《论语述议》《春秋攻昧》《五经正名》《孝经述议》《春秋述议》《尚书述议》《毛诗述议》《注诗序》《算术》等，均已亡佚。孔颖达主编的《五经正义》中也保存了刘炫的一些经学注疏。

刘焯、刘炫学通古今，博学多才，是当时出类拔萃的学者，可谓名重海内。他们学术相近，关系密切。开皇六年（586），洛阳《石经》运抵京师，文字多处磨损，极难辨认。隋文帝便诏令刘焯、刘炫等人考证。他们经过努力，一一辨析清楚，显示了非凡的才学。在国子监举行的经学辩论中，"二刘"常有高论，众人皆佩服其学识渊博。刘焯、刘炫在隋朝经学中享有崇高的地位。在学术上，他们冲破一家之说的樊篱，兼收并蓄，综合南北之学，不抱门户之见。这就有利于沟通学术，取长补短，对儒家经学的发展显然是很有益处的。

孔颖达曾亲身接受刘焯的教诲，受益匪浅。《隋书》评价刘焯时说："论者以为数百年以来，博学通儒，无能出其右者。"刘焯的学问，不仅吸引众多年轻的学子不远千里来求学问道，连一些学者名流也时常登门求教。孔颖达与刘焯同郡，当然不会放弃当面请教的机会。但是，刘焯性情孤傲，怀抱不广，恃才傲物。孔颖达初来，刘焯没有把这个比自己小近三十岁的青年学子放在眼里，更谈不上以礼相待。孔颖达对此毫不计较，他把心中积蓄已久的问题向刘焯一一陈述，并提出问难，虚心求教。刘焯也提出许多偏题、难题让孔颖达回答。孔颖达从容应对，对答如流。刘焯见其见解独到，出人意表，能发人之所未发，不禁对他刮目相看，幡然改容，礼敬有加。

孔颖达就教于名师，对他后来胜任《五经正义》的编纂工作大有裨益。孔颖达要求辞归，刘焯苦苦挽留，希望孔颖达能够与他结为师生，同馆共授，切磋学问。孔颖达婉言谢绝了刘焯的好意，返回家乡，以教授为业。其时他仅二十余岁。

刘焯和刘炫对孔颖达的影响很大。孔颖达撰《五经正义》多采用二刘的说法。其中，《毛诗正义》以刘焯的《毛诗义疏》和刘炫的《毛诗述义》为基础，《尚书正义》也以二刘义疏为底本。二刘学兼南北、广纳博引、兼收并蓄的学术风格也对孔颖达有深刻的影响。孔颖达以开放的情怀，包容的度量，融通的品德，在前人成果的基础上，最终推出了雄浑大气的《五经正义》。

刘焯是当时的名师鸿儒，又孤傲清高，能够受到他的青睐和赏识，也证明了孔颖达的确学识超群，才智过人。就教于刘焯一事，使孔颖达崭露头角，声名远播，极大地提高了他的学术声望。

"教授乡里"的事业起点

孔颖达从事的第一个职业是教师。二十岁左右，孔颖达开始在故乡从事教育事业。从教育层次看，当时的孔颖达大致相当于今天的中小学教师。但是，这位乡村教师的素质很高，他博览群书，擅长作文，精通《毛诗》、《礼记》、服虔的《春秋传》、郑玄注的《尚书》、王弼注的《周易》，兼善天文、历法等。孔颖达造诣宏通，教授得法，很受学生欢迎，因而在地方上声名鹊起。有可靠的历史记载可以证明，当时的孔颖达已经被冀州地方行政长官视为博学的"大儒"。

当时担任冀州刺史的窦抗是一位隋唐之际的名人。他的母亲是隋文帝的姐姐安成长公主。他的表妹后来成为唐高祖李渊的妻子。在隋朝，窦抗身为外戚，袭爵陈国公，地位尊显。他先后担任凉州、岐州、定州等地的刺史，累迁幽州总管。后因汉王杨谅谋反，隋炀帝以窦抗与汉王通谋，将其撤职。李渊起兵，平定关中，窦抗投奔了李渊。他曾经跟随秦王李世民平定薛举、王世充，立下战功。在唐朝，窦抗依然以外戚与功臣的身份备受恩宠，官至左武侯大将军。

窦抗是一位重视教育的封疆大吏，他常常广集一方名儒，让他们交流学术，论辩经义，互相诘难。据《旧唐书·儒学上·盖文达传》和《册府元龟》卷七六八记载，有一次，窦抗以冀州刺史的身份广泛召集儒生论辩经义，邀请当地的大儒参加，并让他们位居上座。当时在座的大儒有刘焯、刘轨思、孔颖达等。他们不仅参与经义的讨论，还举行讲座，发表各自的学术观点。盖文达、刘彦衡等也参加了会议。

盖文达是冀州信都人。他博涉经史，尤为擅长《春秋》的《左传》《公羊传》和《穀梁传》。盖文达性格儒雅，相貌堂堂，须髯秀美，"有士君子之风"。盖文达与孔颖达是冀州同乡，他们都曾拜刘焯为师，学有所成。他们不仅师出同门，又同列秦王李世民的十八学士之一。由此可见，孔颖达在青年时期就结交了一批才俊之士，并经常与他们交流学习体会和研究成果。这对于增长学识、开阔眼界是颇有助益的。

从这一记载看，当时的孔颖达不仅广交名儒，切磋学术，而且学术精湛，闻名乡里。当他的同窗好友盖文达作为儒生参与这次学术会议的时候，孔颖达已经是可以与刘焯、刘轨思等前辈学者比肩而坐的大儒了。地方高官以礼相待，前辈学者赞赏有加，这从一个侧面体现出青年孔颖达的知识水平、研究能力和学术成就。

实际上，孔颖达最初的事业也是他终生的事业。隋炀帝即位后不久，孔颖达便"举明经高第"，被朝廷授以河内郡博士之职，成为在官办的郡级学校从事经学教育的教师。后来，他又先后担任太学助教、文学馆学士、国子博士、国子司业，一直做到国子祭酒，并在这个职位上工作到退休。教师与学官构成孔颖达履历的主要内容。

孔颖达一生主要从事学术研究和经学教育，将毕生的精力都贡献给隋唐时期的文教事业。他经历了从普通教师到教育专家，再到教育行政首长的人生之旅。如果转换成通俗易懂的现代话语，孔颖达的经历就可以用这样一段文字描述：他从事过初级、中级、高级的学校教育（大致相当于今天的小学、中学、大学、研究生教育），担任过乡校私塾的儒师（大致相当于今天的民办学校教师）、州郡官学的教官（大致相当于今天地区一级公办重点学校的教师兼教育行政官员）和国家最高学府的教官（大致相当于今天国家重点大学的教授），直至担任国家教育行政机构的首长兼国家最高学府的主要负责人（大致相当于今天的教育部部长兼国家最高学府校长）。孔颖达还一度从事培养最高统治者的太子教育。在中国历史上，有如此完整的教学与教育管理经历的教育实践家兼教育思想家并不多见。

二、初入仕途

孔颖达学有所成，终于通过科举考试步入仕途。为时不久，他便在学术辩论中崭露头角，得到提拔。可是，从此以后却长期得不到提拔，郁郁不得志。

科举新制的第一批受益者

隋朝大业初年（605），三十出头的孔颖达参加"明经科"考试，成绩名列前茅，授河内郡博士。这既是他长期治学的阶段性成果，又是他步入仕途的开端。孔颖达能够凭借个人的实力，以考试的方式金榜题名，得益于一种新的选拔官员的制度——科举制。

学术界一般把隋炀帝创置进士科作为科举制正式产生的标志。秦汉之时，国家官员的选拔任用，或由军功赐爵，或由官府征辟，或由郡国举荐，或下吏累官升擢，或官宦门荫世袭。曹魏之时立九品官人之法，创设九品中正制。具体方法是：在各州设大中正，各郡设小中正。州的大中正由有声望并善于识拔人才的中央官员兼任。郡的小中正负责品评人才的家世、道德、才能，将其分为九个等级。评出结果后，小中正呈报大中正，大中正呈报司徒核实，然后由吏部尚书选用。这种制度一度取得成效。但是，随着时间的推移，门阀世族把持了官吏选拔之权，于是道德与才能标准往往被忽视，而家世门第则越来越被看重，甚至只问门第高下，不究贤愚善恶，终于导致"上品无寒门，下品无士族"的局面。南北朝后期，随着士族势力日渐衰弱，庶族势力日益兴起，新的选官制度初见端倪。南朝梁曾经规定寒门子弟入仕不受门阀限制。北齐、北周的许多寒门士人经由举秀才、孝廉而进入仕途。隋朝建立后，将各级官吏的选举权、任免权收归中央。同时彻底废除九品中正制，以开科考试的方法选拔人才。隋炀帝"始建进士科"，取士以考试策问为主。经过唐代的发展完善，科举制成为一种定制，后世相沿不替，成为古代读书人进身仕途的主要途径。

顾名思义，科举制就是通过开科考试选任官员的制度。依照隋唐的科举制度，选拔人才、授予官职的权力都掌握在朝廷和皇帝手中。考生只需自己带着一种叫作"牒"的身份证明材料，便可直接报名，参加考试。考试由中央政府统一组织。选用官员主要依据考试成绩决定取舍。官吏的选拔和任免都由吏部具体掌握，统一管理。科举制改他荐为自荐，改荐举为考试，在很大程度上防止地方官员和豪族势力压抑优秀人才，打破了出身门第的限制，从而扩大了选拔人才的范围。依据考试成绩选拔人才的做法为平民百姓打通了入仕之途，在一定程度上实现了社会公平。

隋朝科举考试的科目主要有秀才科、明经科、进士科等。秀才科是汉代出现并历代沿用的选举科目。在隋朝，秀才科被赋予科举制的属性，以方略策问为考试方式。当时的秀才之选最为重要，举秀才者多出任要职，因而考试难度很高，选拔非常严格，一般人不敢问津。隋文帝一朝，中秀才者只有杜正伦一人。有隋一代，考中秀才的仅有十余人。西汉曾有过明经科，即将通晓经学之人推荐于朝廷。这种明经科既无定制，又不是科举考试，东汉以后逐渐不为所重。属于科举考试的明经科为隋炀帝始置，与进士科并行，以经义、策试取士。顾名思义，明经就是明习经书。明经科注重考核儒家经义，要求考生熟练地背诵经书，正确地体会经义，恰当地阐释经义。

在隋代科举考试科目中，秀才科考试的难度太大，而进士科的考试难度偏低，实际上占主要位置的是明经科，优秀人才大多出自明经科。孔颖达参加的便是刚刚设置的明经科考试。无论背诵经典，还是阐释经义，孔颖达都胜人一筹，因此，他能以优异的成绩中第实属情理之中的事。

有必要指出的是：不了解历史演变的人很容易误以为举秀才不如举明经，举明经不如举进士。唐代的明经科考试比较容易，录取人数也多，单凭死记硬背，也能考中，因而多有平庸之辈混迹其间。在许多人的观念中，明经科容易录取，即使三十岁考中，也要算老迈了，而考中进士科很难，许多人穷其一生也不能得中。因此，唐代士人多看重进士科，而轻视明经科，甚至有"三十老明经，五十少进士"说法。其实，这是唐高宗以后的情况。唐高宗还干脆取消了秀才科。但是，隋朝的情况恰恰相反，举明经者大多是博学之人，举秀才者更属难得之才。大业初年，科举制刚刚形成。因此，孔颖达当属科举新制的第一批受益者之一。他熟悉经典，知识渊博，才思敏捷，文字清新，因而在明经考试中名列前茅。了解这一历史背景有助于客观、准确地评价孔颖达的学识水平。

举为明经高第的孔颖达被任命为河内郡（在今河南泌阳）博士。在隋朝，州、郡设置经学博士各一人，以五经教授学生。孔颖达通过明经考试，其学识、才能得到官方的认可，因而得以跻身国家的学官行列。"河内郡博士"属于官员的范畴，从此，孔颖达步入仕途。

辩论会上拔萃为冠

大业年间，隋炀帝仿效当年汉宣帝召集石渠会议、汉章帝召集白虎观会议的故事，广征天下宿儒、学官，在洛阳举行大规模的儒学讨论大会。孔颖达辨析经义，舌战群儒，独占鳌头，显示了他深厚的学术造诣。

孔颖达就任河内郡博士后不久，隋炀帝到东都洛阳巡幸。他下令征召各郡学官，集中于洛阳，与国家最高学府国子学的秘书学士"论难"。所谓"论难"，就是围绕经典文本、经义解读和经学思想展开辩论。通常由主持者提出经书及其注疏中的若干疑难问题，让与会的人阐述个人的见解，并互相研讨，展开辩论。孔颖达以明经高第、河内郡博士的身份参加了这一盛会。

这一盛会汇集了全国的儒学精英。各地的名流学士、教师宿儒、诸郡学官纷纷响应皇帝的诏令与征召，从四面八方云集洛阳。据史书记载，刘焯、刘炫、陆德明、鲁世达等一代名儒都出席会议。他们登坛执经，发表意见。宿儒、学官们以文会友，研讨经义，相互辩论，口若悬河。大会的盛况为隋朝政权添上教化大兴的浓墨重彩。正是这次盛会为孔颖达提供了展示学问与才智的大好机会。

孔颖达少年老成，英姿勃发。他凭借着"通贯儒籍，旁通百家"的学识，畅谈捷对，辩才无碍，语惊四座。他的见解，他的主张，他的辩难，压倒了许多前辈宿儒，真可谓"学识天下无双"。由于史料匮乏，这次论难的议题及过程已无法得知，而论难的结果在史书上却有明确的记载。辩论者的高下由门下省纳言杨达负责评定。他认为"颖达为最"，并奏闻皇帝。隋炀帝认可了这一评定，任命孔颖达为太学助教。当时孔颖达年仅三十出头。

在隋朝，太学是国子诸学之一。隋初置太学博士五人，助教五人，学生三百六十人。后来增减不一。孔颖达凭着学识与辩才进入太学，成为国家级教育机构的助教，可谓学术地位的一大提升。从此，他有了更好的学习、研究和工作环境，也为经学研究更上一层楼争取到极其有利的条件。

在参加这次辩论大会的诸儒中，孔颖达是最年轻的。力挫群儒，一举夺冠，朝野瞩目，固然使孔颖达声名大噪，但同时也给他带来了意想不到的麻烦。古谚说得好："木秀于林，风必摧之；岩出于岸，流必湍之；行高于人，世必非之。"一些在论难中失败的资深儒者，耻于败在一个年轻后生的论锋之下，气愤不平，恼羞成怒。他们竟然互相勾结，雇用刺客，企图用卑劣手段谋害孔颖达。幸亏主持这次辩论会的礼部尚书杨玄感爱惜人才，将孔颖达接到自己府中居住，待如上宾，这才使其幸免于难。但是，在太学中，由于群儒的嫉恨、同僚的排挤，孔颖达再也没有得到提拔晋升的机会。

遭逢社会动荡，官场黑暗，学界争斗，仕途不畅等，都是对人生的磨炼。这样的磨炼可以引发深入的思考。在这样的思考中，孔颖达提高了学术水平、认识能力和政治素养，这为他以后参与国家政务和文化建设打下了坚实的基础。

三、动乱岁月的人生转折

隋朝末年，天下大乱，又经历了一次改朝换代过程。正是在这个时期，孔颖达经历了风险，也获得了机遇。他的人生从此发生了重大转折，即从潜心于学问的一介书生演化成为参与朝政的辅佐之臣。

避祸于虎牢

隋朝自581年建国，至618年灭亡，仅仅统治了三十八年。一个盛极一时的大帝国顷刻之间便灰飞烟灭，真可谓"其兴也勃焉，其亡也忽焉"！在隋炀帝的统治下，政治一度呈现盛世景观。可是他穷兵黩武，横征暴敛，滥施刑罚，诛戮忠良，终于落得身败名裂、国破家亡的下场。

隋炀帝恃强自傲，好大喜功，轻用民力，屡次征辽，从而激化了社会矛盾。大业七年（611），山东王薄首举起义大旗。到大业十二年，遍布各地的起义军逐渐汇聚为三支声势浩大、政治组织性强的队伍，即雄踞河北的窦建德起义军、威震中原的瓦岗军和驰骋江淮的杜伏威起义军。在起义军的打击下，隋朝政权摇摇欲坠。

与此同时，统治集团内部发生分裂。那个曾经保护过孔颖达的礼部尚书杨玄感起兵反隋。杨玄感的父亲杨素是拥戴隋炀帝杨广即位的第一功臣，长期居宰相之位。杨玄感年幼之时显得有些愚钝，人们都认为他是个痴呆，唯独杨素认定"此儿不痴"。知子莫若父，杨素果然言中。成年后，杨玄感不仅形貌酷似其父，雄伟健壮，须髯秀美，而且喜读书，善骑射，文武双全。他干练果断，有勇有谋，骁勇善战。靠着父亲的功勋和自身的才干，杨玄感备受隋炀帝重用，身居要职，位至柱国，又迁礼部尚书。然而，位高权重的杨玄感父子越来越受到隋炀帝的猜忌。他们如履薄冰，惶恐不安。杨素甚至有病不肯吃药，只求速死。杨素病逝不久，隋炀帝就对人说："杨素即使不死，必有一日全家诛灭。"闻知此言的杨玄感更加战战兢兢，时刻担心大祸临头。大业九年，天下已出现乱象。隋炀帝执意再次远征。杨玄感趁机起兵反隋，虽然很快便被镇压下去，却动摇了隋朝的统治基础。此后，隋朝统治阶层内部分崩离析，逐渐形成三路最有影响的军事集团，即李渊的太原军事集团、王世充的洛阳军事集团和宇文化及的江都军事集团。这些集团各割据一方，拥兵自重。于是，形形色色的武装集团彼此争斗，群雄逐鹿。隋朝的政权很快就灭亡了。

动乱之中，孔颖达一度避祸虎牢（今河南省荥阳汜水镇）。虎牢因周穆王牢虎于此而得名。秦朝置关，汉朝置县，历代均在此设防，属军事重镇。虎牢关南连嵩岳，北濒黄河，山岭交错，自成天险，大有一夫当关，万夫莫开之势，为历代兵家必争之地。

孔颖达以躲避战乱的名义逃至虎牢，很有可能与逃避杨玄感之祸有关。杨玄感之反，隋炀帝以为"不尽加诛，无以惩后"，于是大开杀戒，受牵连而被杀者多达三万余人，大半是无辜枉死者。隋炀帝还下令流放了六千余人。杨玄感围攻洛阳时，为了争取人心，开仓赈济百姓。隋炀帝竟然下令将接受过赈济的百姓统统坑杀于洛阳城南。杨玄感欣赏的两位名士——会稽虞绰和琅邪王胄也受到牵连，被发配徙边。虞绰、王胄逃跑，被捕后惨遭杀害。当初，孔颖达曾获得过时为礼部尚书的杨玄感的赏识、庇护与擢拔。由于这层关系孔颖达很容易被牵连进去，随时可能遭受无妄之灾。这或许是他避祸虎牢的主要原因。

无论是为了躲避战乱，还是为了逃避株连之祸，避祸虎牢是孔颖达一生重要的转折点。正是在虎牢，孔颖达被王世充拉至帐下，留下一生洗刷不净的污点。也是在虎牢，孔颖达与李世民君臣相遇，开始了一生中最辉煌的时期。真可谓，败也虎牢，成也虎牢。隋末大乱，对孔颖达的命运和前途产生了重大的影响。如果没有隋朝灭亡，孔颖达很可能终生被埋没在普通学官的位置上。如果没有唐朝兴起，孔颖达很可能不会成就辉煌的事业。

参与为王世充制定"禅让"礼仪

孔颖达四十五岁左右被觊觎皇位的权臣王世充招入帐下，担任太常博士一职。他奉命参与为王世充的登基大典制定礼仪，因此落下了投靠叛臣、趋炎附势的"罪名"。

王世充（？～621），字行满，祖父是西域人。他有城府，多权谋，好兵法，还读了不少儒家经典。隋炀帝登基之后，王世充察言观色，投其所好，使隋炀帝龙心大悦，对他恩宠有加。王世充堪称乱世枭雄，颇有政治远见和军事才能。早在动乱初露端倪的时候，王世充就审时度势，注意培养自己的势力。大业十三年（617），李密的瓦岗军攻陷洛阳附近的兴洛仓，隋炀帝派王世充率军征讨。这却为王世充实现政治野心提供了机遇。

大业十四年（618），隋炀帝在江都被宇文化及等缢杀。王世充与东都留守官员在洛阳拥立越王杨侗为帝，改元皇泰，史称皇泰主。皇泰主以王世充为纳言，封郑国公，又先后任命他为尚书令、左仆射、太尉，掌管内外军事。王世充仍不满足，于是自称郑王，又逼迫皇泰主下诏，拜其为相国，假黄钺，总百揆。从此，王世充开始图谋篡夺皇位。

为了收买人心，积蓄力量，王世充广为求贤，在府门前立三牌：一求文才学士，能济世安民者；二求武艺高强，能冲锋陷阵者；三求熟悉律令，能理冤平讼者。孔颖达何时入朝担任皇泰主的太常博士，文献无从考证，而其入朝的原因应该与王世充求贤有关。孔颖达为大儒，必定受到王世充的重视。他精通三《礼》，因而被任命为太常博士，掌礼仪之事。

王世充大造受命之符，为篡位作舆论准备。他还指使人对皇泰主说：天命无常，郑王功高德盛，愿陛下遵循尧舜的做法，把皇位禅让给郑王。与此同时，王世充积极筹备登基大典，命长史韦节、杨绩等及太常博士孔颖达制定"禅让"礼仪。

武德二年（619），王世充逼皇泰主禅位，定国号为郑，改元开明。王世充的政权仅仅维持了两年。武德四年，秦王李世民率唐军进攻洛阳。王世充困守孤城，缺乏粮草，屡次失利，被迫开城出降。李世民将其带回长安。王世充被唐高祖李渊废为庶人，安置去川蜀，途中被仇人杀了。

为王世充政权服务的这段经历使孔颖达落下了"污点"。就连《孔颖达碑》的作者于志宁也都觉得孔颖达投到王世充帐下是一件不光彩的事，在行文中遮遮掩掩，千方百计为他开脱。于志宁将隋唐之际孔颖达依附洛阳的王世充这件事，与两汉之际班彪依附天水的隗嚣和汉魏之际王粲依附荆州的刘表相提并论，认为班彪、王粲、孔颖达都是在郁郁不得志的情况下采取了不得已的做法。

实际上，上述评说是不公正的。"隋失其鹿，天下共逐之"。当时称王称帝者何止一人！在隋炀帝尚在之时，李渊父子就公开起兵，背叛皇帝。且不说从背叛隋朝的时间看，李渊父子在先，而王世充稍后，李渊逼隋恭帝禅位与王世充逼皇泰主禅位也如出一辙。古代的一些人之所以贬低孔颖达，是因为他们认为李渊属于获得天命的王者，而王世充只能归入叛臣僭主之列。假如王世充击败李渊，夺取天下，建立郑朝，他们就会对王世充和孔颖达作出截然相反的评价。在今天看来，用这一类的价值尺度评说历史人物是不恰当的。

随同秦王李世民入唐

大业十三年（617），就在孔颖达避祸虎牢期间，在千里之遥的北方发生了重大事变，即李渊在重镇太原起兵。这一事变改变了历史进程，也改变了孔颖达的命运。

李渊出身于显赫的贵族世家，袭爵唐国公，又是隋朝皇室的近亲。李渊的父亲李昞与隋文帝杨坚是连襟，他们的妻子都是独孤信之女。因此，隋文帝是李渊的姨父，独孤皇后是李渊的姨母，而隋炀帝与李渊是姨表兄弟。据记载，李渊长得很帅气，也很有才干。他与皇室有着特殊的关系，所以隋朝两代君主都曾对他倍加重用。隋炀帝即位后，李渊历任荥阳郡（今河南郑州）、楼烦郡（今山西静乐）太守。后被召为殿内少监，迁卫尉少卿。大业十一年（615），拜山西河东慰抚大使。

李渊身为皇亲国戚，应属于隋朝的心腹。可是，隋炀帝妒才愎谏，"多所猜忌，人怀疑惧"。杨玄感叛乱后，隋炀帝对朝臣更加猜忌。当时民间流传着一首谣谚："李氏当为天子。"隋炀帝为此无端杀害了大臣李浑、李敏、李善衡及其宗族。这对李渊父子无疑是不祥之兆。从此，群臣风声鹤唳，谈虎色变，尤其是那些姓李的臣僚，更是个个难安，人人自危。李渊的日子也越来越不好过。有一次，隋炀帝召李渊赴京，李渊因病误期。李渊的外甥女王氏在宫中为嫔妃。隋炀帝问她："你舅舅为什么不来?"王氏回答说有病,隋炀帝恶狠狠地问道:"死得了吗?"这话传到李渊耳中,他愈加惊恐。为了打消隋炀帝的怀疑,李渊时常装出一副贪财好色、浑浑噩噩、混吃等死的样子,以此韬光养晦,掩人耳目。这一招果然灵验,隋炀帝认为李渊是一个生活腐化、胸无大志的人,对他放松了警惕。这样一来,李渊不但保全了身家性命,还迎来了官运亨通。大业十三年,李渊被任命为至关重要的太原留守。这一带素有"精兵之处"的说法。对于早就心怀异志的李渊来讲,此次任命是一次千载难逢的好机会。

当时天下大乱,四处兵起。素有"四方之志"的李渊、李世民父子都产生了起兵的念头。他们认为,太原是唐国故地,而李渊是唐国公,因此奉命镇守太原预示了天命所归。这也与李氏当为天子的图谶、民谣相合。更何况隋炀帝随时可能加害他们,唯一的出路是死里求生,谋夺帝位,"变家为国"。李渊的亲信、谋士也纷纷献策,主张趁机夺取天下。于是,他们招降纳叛,勾结突厥,又伪造隋炀帝的敕书,借口东征高丽,征发太原、洗河、雁门、马邑等郡二十岁以上、五十岁以下的男子全部为兵。做好各种准备之后,李氏父子在晋阳动手,设计除掉了隋炀帝派来监视他们的副留守王威和高君雅。故"太原起兵"又称"晋阳起兵"。

在起兵誓师时,李渊指斥隋炀帝拒谏信谗,穷兵黩武,聚敛百姓,表示要当仁不让,"废昏立明",为隋朝另立皇帝。李渊采纳李世民的建议,进军关中,攻破长安。他遥尊隋炀帝为太上皇,改大业十三年为义宁元年,拥立京都留守代王杨侑为皇帝,是为隋恭帝。隋恭帝以李渊为假黄钺持节大都督内外诸军事、尚书令、大丞相,晋封唐王,一切军国大政皆归宰相府。转年，隋炀帝死，李渊露出真面目。他废掉隋恭帝，自己登上皇帝宝座，国号大唐，改元武德，立李建成为太子，李世民为秦王，李元吉为齐王。李渊派兵进军中原，开始谋划统一大业。

秦王李世民率领大军围攻洛阳，迫使王世充投降。当他得知大名鼎鼎的孔颖达就在此地，立即派人将他迎入秦王府。初会之时，李世民年方二十岁出头，虬髯乍生，英姿勃发，是一位文武双全的乱世英雄。孔颖达则年近半百，鬓生华发，老练持重，是一位博通经史的旷世鸿儒。他们结为忘年之交。从此两人君臣际会，一个如鱼得水，一个如虎添翼，传为一段佳话。李世民奏请唐高祖任命孔颖达为国子助教。从此，孔颖达进入唐朝的国家最高教育机构。

随同李世民入唐是孔颖达一生事业的分水岭。从此，他开始为一个新兴王朝服务。一度沉沦下僚、怏怏失意的孔颖达受到唐朝皇帝的重用，得以青云直上，大展才华，建功立业，实现了人生的远大理想和抱负。

跻身秦王"十八学士"

唐高祖武德四年（621），天下初平，孔颖达时年四十八岁。李世民在秦王府设文学馆招贤。他慧眼识英才，任命孔颖达为文学馆学士。李世民与孔颖达的君臣际遇，为孔颖达施展才华、参政议政提供了舞台。从此，"才子"遇"明主"，孔颖达开始充当李世民的辅臣。

李世民（599~649），是唐高祖李渊的第二个儿子。在建立唐朝、统一全国的战争中，李世民功勋卓著。他辅佐父兄，誓师太原，献良策，破长安，建唐朝，继而南征北战，西伐东讨。他统率大军先后剪灭薛仁杲，大破刘武周，擒杀窦建德，迫降王世充，平定刘黑闼和徐圆朗，为"克定天下"立下了赫赫战功。李世民极富政治远见，注意网罗人才。他凭着出众的神采，非凡的气度，迷人的雅量，卓越的才干，将一批文才武将紧紧聚拢在自己的周围，逐步形成了秦王集团。

　　李世民延揽人才的方式之一是开设文学馆。他以房玄龄等十八人以本官兼任文学馆学士。学士们分为三班，轮日值班，入阁讲论。李世民每日处理完军国事务，便到文学馆来，与当值学士讨论学术，研习典籍，谈古论今，商讨政事。文学馆位于宫城之西，环境幽静淡雅，不受车马喧嚣的干扰；藏书数量众多，可与国家图书馆相媲美。李世民对学士们以礼相待，供应上等膳食，给予丰厚的酬劳，待遇相当优渥。文学馆学士享有很高的学术声誉、政治地位和物质待遇。入馆者受人羡慕，时人称之为"登瀛洲"。传说中的瀛洲是富丽堂皇的仙境，为凡人不可企及之地。因此，人们便以"登瀛洲"比喻文学馆学士的境遇。这也证明入选文学馆是很不简单的事情。

　　入选的文学馆学士皆非等闲之辈，可谓一时之选。他们是：房玄龄、杜如晦、于志宁、苏世长、薛收、褚亮、姚思廉、陆德明、孔颖达、李玄道、李守素、虞世南、蔡允恭、颜相时、许敬宗、薛元敬、盖文达、苏勖。他们同一天被授为文学馆学士，故号称"十八学士"。薛收死后，又增补了刘孝孙。"十八学士"都是颇有韬略、通经明史、文采飞扬的卓越人才。其中号称"房谋杜断"的房玄龄、杜如晦是李世民的心腹谋士和得力佐臣，后来都成为中国历史上的著名宰相。其余多为李世民的重要佐臣。于志宁、许敬宗等也名列《新唐书》的《宰相表》。

据《秦府十八学士写真图序》记载，孔颖达当时的头衔是太学博士。据《旧唐书·职官志》记载，当时太学博士设置为三人，正六品上，掌教文武五品以上及郡、县公之子孙。

文学馆不单纯是个讲究学问、坐而论道的学术机构，它还发挥着为李世民出谋划策的功能。从这些学士在"玄武门之变"中的作用看，文学馆实际上是李世民的智库和参谋部，学士大多是李世民的谋士、智囊。李世民笼络这批人才的主要目的是招纳谋略，议论治道，蓄积力量，图谋进取。一场谋夺帝位的权力之争正在酝酿之中。

如果说秦王李世民可谓慧眼识英才，那么"十八学士"可谓慧眼识英雄。在错综复杂的政治环境中，选择坚定不移地站在秦王李世民一边也是需要胆识的。这种行为充满了风险，也创造着机遇。"十八学士"没有辜负李世民的知遇之恩，他们运筹帷幄，出谋划策，帮助李世民铲除敌党，夺取帝位。他们还辅佐唐太宗开创"贞观之治"，可谓竭忠尽智。作为"十八学士"之一的孔颖达也不例外，他为唐太宗的文治武功立下了汗马功劳，为唐朝的巩固和发展作出了卓越贡献。由此可见，跻身秦王"十八学士"不仅是孔颖达生平中一道亮丽的华彩，也为他日后的事业发展创造了不可多得的机遇。

登上帝位以后，唐太宗没有忘记这一场珠联璧合的君臣际遇，也没有忘记十八学士立下的功勋。他命著名画家阎立本为十八学士画像，又命著名文学家褚亮为每一个人的画像题写赞词，制成《十八学士写真图》，并珍重地收藏起来。这段佳话被人们视为旷世恩典，赞之曰："儒雅之风，旷古稀有；亲近之恩，百代罕及。"

褚亮为孔颖达题写的赞词是："道光列第，风传阙里。精义霞开，掞辞飙起。"阙里是当年孔子的住地，在今山东曲阜。由于孔颖达是孔子后裔，因功被封为曲阜县男，后又晋封为子爵，这为孔氏家族增添了荣光与风采，故称"道光列第，风传阙里"。由于孔颖达精通经义，博学多才，又是文章高手，所作辞藻华美，故称"精义霞开，掞辞飙起"。

第2章

辅佐一代英主

时势造英雄，英雄亦造时势。乱世成就了李世民，李世民又再造了盛世。依据死后的庙号，这位唐朝的第二任皇帝史称"唐太宗"。唐太宗是一位卓越的军事家、政治家，还是书法家和诗人。由于开创"贞观之治"，为大唐盛世奠定了根基，唐太宗堪称一代英主，乃至"千古一帝"。正是由于跻身唐太宗的重要辅臣之列，孔颖达在事业上也逐步达到巅峰状态。他为贞观年间的政治实施、制度创新、文化建设和教育事业作出了自己的一份贡献。

一、参与朝政的忠臣良辅

孔颖达并非庸庸碌碌的学究，他既精通经义，又通晓治道，是一位名副其实的博学鸿儒。他担任要职，与闻朝政，献计献策，屡进谏言，颇具政治家的风采，无愧为忠臣良辅。

谋夺帝位的"玄武门之变"

武德九年（626），秦王李世民发动"玄武门之变"。这一事件改变了常规的政治进程，也改变了许多人的命运。孔颖达属于获益最大的政治集团中的一员。

围绕唐朝的最高权力，唐高祖父子之间存在着错综复杂的矛盾。"打仗亲兄弟，上阵父子兵"。在太原起兵之时，李渊父子齐心合力，同仇敌忾。在李建成和李世民的辅佐下，李渊决策得当，李氏大军势如破竹。在一些重要战役中，李建成、李世民兄弟并肩战斗。他们攻克西河郡，击败宋老生，占领长安城，很快取得了决定性的胜利。唐朝建立后，大哥李建成被立为太子，通常留守京城，而二弟李世民被封为秦王，统率军队，征战四方。李世民屡立战功，声名卓著。太子担心遭遇夺嫡换宗之祸，处处猜忌秦王有野心。秦王则担心功高不赏，亦生觊觎大位之心。国家初步平定之后，兄弟二人围绕皇位继承权的争斗就日益公开化了。齐王李元吉站在大哥一边。两大阵营在政治上互相倾轧，他们都千方百计地争取唐高祖的信任与支持，试图借助父皇的权威削弱对方，壮大自己，占据上风。在废立太子的问题上，唐高祖犹豫不决，举措失当：一度许诺立李世民为太子，后来又猜忌李世民，偏袒李建成。愈演愈烈的争斗导致矛盾激化，李建成和李世民都预感到决裂不可避免，双方身边的谋臣也都主张先下手为强。

李建成等人几次借机发难，试图说服唐高祖设法除掉李世民。唐高祖一度想废掉李世民的王位，但被大臣劝阻。李元吉建议父皇处死李世民，唐高祖竟然不置可否。当此危急之时，"十八学士"之一的房玄龄认为"祸机将发""大乱必兴"，与其"家国沦亡，身名俱灭"，不如当机立断，采取非常措施。他主张李世民遵从"为国者不顾小节"的古训，仿效周公，大义灭亲。于是，兄弟阋墙演化成宫门喋血，为了争夺最高权力，酿成了骨肉相残的悲剧。

武德九年，数万突厥铁骑入侵。李建成与李元吉想以征伐突厥为契机，夺取秦王府的精兵强将，伺机除掉李世民。此前，他们还说服唐高祖下令将李世民的两大谋臣杜如晦和房玄龄逐出秦王府。唐高祖采纳了李建成的建议，指派李元吉代替李世民统率诸军北征。李元吉趁机请求调用秦王府骁将尉迟敬德、程知节、段志玄、秦叔宝等以及秦王府帐下的精锐之士。

闻知此讯，秦王府群情激奋。秦王府的谋臣、武将也纷纷劝李世民先发制人，千万不要"临难不决"。李世民见时机成熟，当即召集心腹，共济大事，发动政变。他亲率一批猛将在玄武门设伏，趁太子、齐王来皇宫朝参的机会，出其不意，突然袭击。李建成、李元吉疏于防备，逃避不及，分别被李世民、尉迟敬德射死。李世民当即派尉迟敬德借护卫之名，控制了唐高祖。在唐高祖的授权下，李世民很快稳定了局势。这就是历史上著名的"玄武门之变"。

这场政变纯属权力之争。最后的胜利者是李世民。唐高祖无力阻止事态的发展，不得已立李世民为太子。不久又让出皇位，退为太上皇。李世民登上帝位，时年三十岁。次年，即627年，他改元贞观。从此，唐太宗成为最高统治者。

由于史料的缺略，无法考证孔颖达在"玄武门之变"中参与的程度、发挥的作用和具体的言行。但是，从事前孔颖达与秦王及秦王府的政治关系，以及事后唐太宗对孔颖达的信任、提拔和封赏看，在这场争夺最高权力的斗争中，孔颖达显然属于秦王阵营，坚定地站在李世民一边。

转任给事中

俗话说，一朝天子一朝臣。唐太宗不是一位心胸狭窄的君王。他起用了一批太子的心腹，其中魏徵、王珪、于志宁等后来都位居宰相。但是，新朝廷政权机构的人事安排势必以心腹之臣为主，佐命之臣也要一一犒赏。这本是情理之中的事。唐太宗自然也要封赏"际会风云"的有功之臣。

唐太宗登基后，原秦王府官属皆有封赠，"十八学士"都加官晋爵。其中孔颖达擢授国子博士。据《旧唐书·职官志》记载，国子博士为正五品上阶，掌教文武官三品以上、国公之子孙，二品以上曾孙为国子监的学生者。

可能因孔颖达是孔子后裔，曲阜又是孔子故里，他被封曲阜县男，转任给事中。曲阜县男属于男爵，食邑三百户。这就是说，作为开国功臣，孔颖达此时具有了贵族身份。值得一提的是，唐太宗让孔颖达担任给事中，参与朝政，说明他颇得皇帝的赏识和信任。给事中乃门下省要职，论官品只有正五品上，而其职责却相当重要，权限也不小。据《新唐书·百官志》记载，给事中主要职责是："凡百司奏抄，侍中既审，则驳正违失，诏敕不便者，涂窜而奏还，谓之涂归。"这就是说，给事中有权驳正诏书之失，甚至有权将不宜实行的诏书涂抹后退回。其权责之重由此可见一斑。此外，给事中对君主的敕命与臣僚奏章负有上传下达之责；一些重大的案件，若有司量刑不当，给事中有权"援法例退而裁之"，要求重新审判；对各部门拟任命的六品以下文武官员，也由给事中进行资历审查与才德鉴定，如果不适宜任用，给事中可以报告侍中，退回相关文件；给事中还有权与御史、中书舍人等共同审理冤狱申诉和贪官污吏。在唐初，给事中还有一项重要职责，即陪侍帝王左右，议论政事得失，以备顾问应对。给事中的官位虽不算太高，却靠近权力中枢，是参与国家大政的要职，非皇帝亲信之臣不能担任。

这次加官晋爵不仅使孔颖达获得了男爵的爵位，担任全国最高学府的高级教官，还得以成为参与朝政的重要官员。这就为他施展才干提供了更广阔的政治舞台。从此以后，孔颖达辅佐名主，竭诚事君，谏诤言，献良策。他的仕途也一帆风顺，一路加官晋爵，步步高升，真可谓春风得意。

与唐太宗论"以蒙养正"的为君之道

登上皇位的唐太宗非常关注治国方略，时常与侍臣探讨为君之道。孔颖达学识渊博，文采出众，每遇朝廷议论礼制，商榷经义，研究对策，他常发高论，屡进忠言，深受唐太宗器重。这里列举一个《旧唐书·孔颖达传》所记载的生动事例。

有一天，唐太宗问孔颖达：《论语》中说："以能问于不能，以多问于寡，有若无，实若虚。"这话有什么深刻的含义吗？孔颖达熟悉经义，精通治道，对这个问题可谓成竹在胸。为了使君临天下、功业卓著、才智高明的唐太宗始终保持清醒的头脑，他引经据典，借题发挥，讲了一番治国为君的道理。孔颖达指出：圣人设教的目的是要人们保持谦虚的美德。自己虽然很有才能，却不妄自尊大，骄傲自满，仍然向看起来没有多少才能的人求教。自己虽然掌握了许多技艺，却依然感到不足，仍然向那些看起来并没有多少才艺的人学习。即使自己有高明的智谋，也切忌锋芒毕露。即使自己有真才实学，仍须保持谦虚态度。圣人所讲并非仅仅针对庶民匹夫，帝王也应该时刻保持谦恭之德。人君固然内含神明之资，但外表却要沉默不露，这才能使人感到深不可测，度不可知。《易经》中包含"以蒙养正，以《明夷》莅众"的思想。这就是说，怀有圣德的人都会将聪明才智隐蔽起来，用看似蒙昧的方式涵养正气，这样就可以使自己和百姓保持童蒙般的淳朴状态，永远不失赤子之心。为君者不应彰显自己的功德，切忌夸示自己的才能，否则就会使臣民百姓识破其深浅，变得难于治理。即使君主有神明之德，也必须隐晦不露，从而使臣民潜移默化。如果居于至尊之位，便炫耀聪明，以才凌人，甚至拒绝纳谏，文过饰非，就会壅塞上下之情，违背君臣之道。自古以来身死国亡，都是由此引起的。孔颖达把君主是否谦虚谨慎看作决定政权兴亡的关键，这无疑抓住了要害。在唐太宗即位之初，孔颖达便告诫他要始终保持谦虚谨慎的态度，这也是非常及时的。

孔颖达的上述思想是中国古代"无为而治"论的精髓。唐太宗本人也很留意这一套高明的为君之道。因此，唐太宗听了孔颖达这番解说，深以为然，十分满意，大加赞赏。他说：《易经》云："劳谦，君子有终，吉。"这段话也表达了同样的思想。为君者必须谦虚谨慎，戒骄戒躁。你说得很对。唐太宗当即下诏，赐给孔颖达帛二百匹。

以唐太宗为核心的贞观君臣常以隋朝的灭亡为鉴戒。他们普遍认为，隋朝之所以灭亡，既不是由于国家贫弱，也不是由于君主无能，而主要是由于隋炀帝恃才自傲，拒谏饰非，不纳忠言。唐太宗就曾把隋炀帝亡国的教训归结为"自矜""护短""拒谏"。

孔颖达对为君之道和历史教训有深刻的理解，所以借讲解经义的机会，告诫唐太宗不要居功自傲，炫耀聪明，而要谦虚谨慎，居安思危，广开言路，听取批评。他所讲的道理也很有针对性。孔颖达及当时的群臣还反复引证"器满则倾，志满则覆"的哲理名言，谆谆告诫君主防骄破满，以贵下贱，以俭为德，切忌愚而自用，玩物丧志。唐太宗不愧是英明之主，他认识到"明主思短而益善，暗主护短而永愚"，对"隋炀帝富有四海，既骄且逸，一朝而败"的历史教训念念不忘，表示要遵守"睿智聪明，守之以愚"的为君之道。他"恐人不言，导之使谏"，并在一定程度上做到"从谏如流"。

"满招损，谦受益"。帝王术讲究文武并用，刚柔相济，不能一味逞强用刚。隋炀帝恃强自大，骋能自傲，恣意妄为，结果求荣而取辱；唐太宗有鉴前车，刚柔相济，敬慎戒惧，结果畏惧而得福。在一定意义上可以说，没有隋炀帝就没有唐太宗。值得一提的是，唐太宗成就"贞观之治"，得益于包括孔颖达在内的一大批忠良之臣的辅佐。孔颖达的政治素质之高由此亦可见一斑。

敢于进言的忠谏之臣

贞观四年（630），孔颖达加员外散骑常侍，行太子中允。太子中允的主要职责是协助左右庶子完成太子左春坊的一系列工作，如驳正启奏、监省封题、太子朝会、令书更写等。散骑常侍隶属门下省，从三品，职责是"掌侍奉规讽，备顾问应对"。员外散骑常侍是正式编制之外的，并不是真正享受从三品的待遇，只是履行散骑常侍的职责。从历史记载来看，孔颖达在履行谏诤君主的职责方面做到了尽职尽责。

孔颖达把君主是否纳谏，臣子是否进谏，看作决定政权兴亡的关键。他一再指出：君主饰非拒谏是导致祸乱的根源，主张君主通过纳谏集思广益，闻过补阙，防止壅蔽，了解下情。与此相应，匡正君主是臣子的道德义务，敢于直言进谏是臣子的美德。臣子应当扬君之善，补君之过。因此，臣子有权批评君主，努力制止君主的错误行为。在君主有过失时，臣子不能苟且恭顺，必须谏诤，必要时甚至可以抗君之命。

孔颖达既是这么说的，也是这么做的。他辅佐皇帝，尽心竭力，屡献忠言，敢于进谏，为了天下社稷，将个人安危置之度外。无论是坐而论道，还是朝堂议政，孔颖达提出过许多正确的批评和建议。他对皇帝的一些看似小节的毛病也敢于批评。

人们总为唐太宗这位一代英主未能留下像刘邦《大风歌》那样大气磅礴的诗篇而深感遗憾。其实，唐太宗有很好的文学修养，其诗作的壮大气魄并不在《大风歌》之下。《帝京篇十首并序》便是其代表作之一。唐太宗面对"秦川雄帝宅，函谷壮皇居"，慷慨怀古，思绪万千。在"观列代之皇王，考当时之行事"之后，他对周穆王、秦始皇、汉武帝、魏明帝等大加挞伐，认为帝王之享乐已达极点，批评诸帝"以人从欲，乱于大道"。他立志效法圣王先哲，荡涤奢靡之弊，"以尧舜之风，荡秦汉之弊"。

唐太宗一度非常喜爱作宫体诗。所谓"宫体"是指一种描写宫廷生活的诗体，又指在宫廷中形成的一种诗风。宫体诗是南朝梁、陈以来流行的一种诗歌流派。其内容多是宫廷生活及男女私情，形式上则追求辞藻华丽，因而情调上伤于轻艳，风格上柔靡缓弱。如果皇帝沉溺其中，会对他的心态和施政产生不利影响。陈后主选择辞藻艳丽的宫体诗为曲词，制作《玉树后庭花》等，耽于享乐，荒废政务，终于导致国家灭亡。这是历史上最为著名的前车之鉴。

作为一代明主，唐太宗懂得"纵情昏主多"的道理。他知道宫体诗对政治的腐化作用，而在感情上又无法摆脱六朝艳曲的吸引。他时而想为大臣演奏《玉树后庭花》，时而想亲自作几首宫体诗。因此，在兴致盎然时就会情不自禁地表现出来。

有一次，唐太宗禁不住技痒，作了一首宫体诗。他自己感到很满意，于是让虞世南唱和一首。虞世南是隋朝内史侍郎虞世基的弟弟。他笃志勤学，博闻强记，文章与书法皆名重一时。李世民扫灭窦建德时，将虞世南招入秦王府，让他与房玄龄共掌文翰事务，成为秦王府"十八学士"之一。唐太宗赏识虞世南的博学多识，政务之暇经常与他"共观经史"，商讨治道。虞世南议论古代帝王的政治得失，借机讽谏皇帝，使唐太宗受益匪浅。虞世南也是一位敢于谏诤君主的忠臣，见到唐太宗有违背君道的言行，他都大胆直言。《旧唐书·虞世南传》保留了他的一批进谏的奏疏。虞世南不赞成一位堂堂的皇帝作格调不高的宫体诗，所以他拒绝了唐太宗的要求，直率地回答：圣上作的这首诗虽然很工整，却不合大体。有道是"上之所好，下必有甚者"。我担心这首诗一旦传到宫外，天下纷纷效仿，风靡一时。这会带来不良的后果。因此，我不能服从您的诏旨。虞世南的警告唤醒了唐太宗的理性。他闻言赶忙解释说：我只不过是想试探一下你的态度而已。他还当即下令：赏赐虞世南帛五十匹。唐太宗一句"朕试卿耳"的自我解嘲和五十匹帛的重赏，既表现出一个政治家的狡黠，也展示了一个政治家的成熟。

孔颖达也曾以解释经义的方式，阐明宫体诗对政治的腐化作用。汉代著名经学家毛亨的《毛诗序》中有一段议论音乐、诗歌的政治功能的文字："治世之音安以乐，其政和。乱世之音怨以怒，其政乖。亡国之音哀以思，其民困。"在解释这段文字时，孔颖达强调诗歌在政治教化中的作用。他指出：世之治乱，国之兴亡，取决于政教是否清明。如果统治者骄奢淫逸，不恤民情，创作靡靡之音，以供纵欲享乐，这类歌乐只能称为"淫乐"。淫乐是乱世之音、亡国之音。宫体诗之类的歌乐就属于淫乐，"为此乐者，必乱必亡"。这种批评与警告是相当激烈的。良药苦口利于病，忠言逆耳利于行。深谙此理的唐太宗虚心接受批评，改正了错误。

唐太宗鉴于历史教训，接受群臣的监督，可谓"从谏如流"。贞观一代，贤能满朝，谏臣盈庭。在他们的辅佐下，唐太宗威震华夏，声播域外，成为主宰空前疆域的"天可汗"。在这一宏大事业中，孔颖达可谓贡献良多。

上奏《明堂议》

唐太宗重视各种制度建设。贞观初年，他命群臣谋划明堂礼仪制度。孔颖达力排众议，主张修建明堂应该朴实无华，祭祀上帝应该提倡节俭。他的意见受到唐太宗的重视。由此可见，孔颖达对唐朝的制度建设也多有贡献。

明堂是中国古代朝廷的一项重要礼制建筑，为君主宣明政教之所，凡朝会及祭祀、庆赏、选士、养老、教学等大典，都在其中举行，还有一套与之相关的礼仪程序。人们将这类建筑物及相关的礼仪程序总称为"明堂制度"。明堂制度是政治制度的重要组成部分。

明堂制度源远流长。从文献记载来看，夏代、商代无明堂之名，却有明堂之实，某种类似"明堂"的概念和制度有更为古老的渊源。"明堂"这个术语最早见于《逸周书》。这本书的大部分内容是可信的周代史料。在《逸周书》里，"明堂"一词不仅出现的频率很高，而且还具备后世"明堂"所具有的各种政治功能。这表明明堂制度已成为周王朝政治生活的重要组成部分。

明堂最原始的功能是祭祀天神，后来又衍生出祭祖、布政、朝觐等重要功能。"明"字是日、月的组合体，光明来自日月，所以"明"也表示祭祀日月之神的礼仪活动。"堂"字是祭坛和祭品的象形，本义是隆起的土台子。"明堂"最初的意思是祭祀天神的土台子。

明堂的功能随着时代的变化而有所变化。在西周时期，明堂作为施政用的朝廷的功能被提到突出的位置。到汉代以后，无论是祭天，还是祭祖，祭祀始终是"明堂礼"的中心，"施政之朝"的功能退居其次。明堂建筑及其礼仪程序是神权和王权的象征，包含着神道设教的政治意蕴，修造明堂对于巩固统治、实施政治和推行教化是十分必要的。所以，历代王朝都非常重视明堂制度设置与建设。

据《旧唐书·礼仪志》记载，"高祖受禅，不遑创仪。太宗平定天下，命儒官议其制"。国家统一，政治安定，建设明堂的事情提上日程。群臣奉皇帝之命，商议明堂制度的规制。他们意见不一，展开争议。贞观五年（631），魏徵和孔颖达都提出了自己的观点，他们分别代表两种不同的思路。

魏徵是这场关于明堂辩论的积极参加者。他主张"随时立法，因事制宜"，根据唐朝政治的现实需要规划明堂的规模、大小、构造，一切重新设计，不必效法古代。他的具体意见是：建设一个规模宏大的明堂，"五室重屋，上圆下方"，既象征天圆地方，又满足多种功能的需要。在功能上，"下室备布政之居，上堂为祭天之所"。祭祀天帝等在上堂进行；设朝廷，听政务，则安排在下室。这样既可以做到"人神不杂"，又符合相关礼仪。

孔颖达则不同意这一类意见。他觉得诸儒、群臣设计的明堂礼仪违背古制和典诰，不仅过于奢华，而且不太实用。于是，以书面形式向皇帝进言，提出了不同意见。这篇奏疏后世称《明堂议》。孔颖达指出：许多人主张将明堂修建成有上下楼的重屋，"为左右阁道，登阁设祭"，这种意见是蹈袭汉武帝时方士的观点，不符合《周礼》的记载。朝觐与祭祀都是重大政务，古代人对这类大事十分郑重，因此，都在庙堂举行。岂有"楼上祭祖，楼下视朝"之理？再者，分成上下两层，势必要修建阁道以便登阁。可是楼道狭窄，不便上下。如果皇帝乘辇上楼，则显得对上帝不敬。如果皇帝步行上楼，则容易劳累。更何况还有"侍卫在旁，百司供奉"，一大群人都要爬楼梯，十分不便。即使翻遍了各种经典，也找不到这种做法的依据。孔颖达进一步指出："明堂法天，圣王示俭"，尧、舜、禹等古代圣王的明堂都修建得很朴素，有的甚至用普通木料做立柱，用茅草苫盖屋顶，祭祀用的乐器等物品也不使用高贵的质料。虽然"古今异制"，现今条件比较好，却依然不应将明堂建得过于宏大。如果"飞楼架道，绮阁凌云"，就违背了经典，不符合古制。因此，修建明堂应该遵循《周礼》，提倡节俭，不可过于华丽，不伦不类。这项工程是"国之大典"，必须慎重从事。

尽管孔颖达与魏徵等人的意见相左，关于明堂规制的讨论长期争议不决，而孔颖达的主张更合乎当时的实际情况。隋朝灭亡的原因之一，就是隋炀帝耗费人力、物力，大规模兴建宫殿。当年秦王李世民曾面对宏伟华丽的宫殿发出感叹，说：如此放纵自己的侈心，穷尽自己的欲望，能不灭亡吗！他下令拆除端门楼，焚毁乾阳殿，捣毁则天门及阙。贞观初年，国家百废待兴，唐太宗也以"节欲""节为""节俭"自律。孔颖达反对挥霍浪费，力倡节俭，恰好与唐太宗的想法契合，因此唐太宗"皆从其说"。

二、主持国家教育行政

孔颖达最为擅长的工作是儒家经学教育，他从事时间最长的事业也是儒家经学教育。他正是在储君教育和教育行政工作岗位上达到了事业的顶峰。

担任储君之师

贞观六年（632），孔颖达被任命为国子司业，供职于国子监，从四品下。这个职务大体相当于现代的教育部副部长兼国家最高学府副校长。转年，即贞观七年，他被任命为太子右庶子，仍兼国子司业，又因奉诏与魏徵等撰写《隋史》，加散骑常侍。

唐太宗将教育皇太子的重任委与孔颖达。他以太子右庶子的职务，与于志宁等一道，负责教育太子李承乾。太子是国家的储君，历来被视为"国本"。因此，历代帝王都非常重视对太子的教育和培养，从而形成了一套系统的储君教育制度。在唐代，东宫置太子师傅六人，即太师、太傅、太保、少师、少傅、少保。以上职位崇高显要，若无合适的人选，则虚位以待。东宫的主要机构与职官还有：比拟朝廷宰相府设置詹事府，置太子詹事、少詹事；比拟朝廷门下省设置门下坊，后改称左春坊，置左庶子；比拟朝廷中书省设置典书坊，后改称右春坊，置右庶子。东宫官吏的选择相当严格。左、右庶子多由朝中重臣担任，皆为名重一时的人物。负责为太子讲解经义者须以"儒学优重者为之"。孔颖达无疑是合适的人选。唐太宗将重任托付给孔颖达，反映出他对孔颖达的器重与信任。

太子李承乾又是怎样的人呢？他是唐太宗的嫡长子，长孙皇后所生，因出生在承乾殿，即以此命名。唐太宗即位之初，便将年仅八岁的李承乾立为太子。他聪颖伶俐，颇得唐太宗及长孙皇后的喜爱和器重。贞观四年（630），唐太宗任命元老重臣李纲为太子少师，于志宁、李百药分任左、右庶子。在几位师傅的尽心辅导下，太子有很大长进。唐太宗让他裁决政事，他都能做到决断公正得体。唐太宗外出巡幸，就让太子留守京城，监理国事。

但是，随着岁月的推移，太子日渐恃宠骄纵。长孙皇后和太子少师李纲去世后，他便越发肆无忌惮。加之患有脚病，他更少参谒父皇。太子追求奢华，漫游无度，荒废学业。他向往胡人的生活，说突厥语，穿突厥服装，自己装扮成酋长，命手下人装扮成突厥人，在宫中肆无忌惮地游戏玩耍。他还命人把毛毡裁制成铠甲，命宫奴们穿在身上，摆开阵势，与汉王李元昌各统领一部，双方甲士相互击刺，以此为乐。凡是不听命令的，就用树枝抽打他们，许多人被打死或打残。

李承乾很会文过饰非。临朝时满口仁义道德，忠孝节义，退朝后便与宦官、宫女狎昵厮混。若遇父皇责问或是大臣劝谏，他就装出引咎自责的样子，表示要痛改前非。过后他依然我行我素，甚至私下里说：我若做了天子，当放纵我的欲望。有敢谏阻者，我必杀之。只要杀数百人，人们就会安分守己，不敢进谏了。李百药、杜正伦两任右庶子皆因规谏太子无效而先后离职。于是，唐太宗将这个重任交给了孔颖达。

孔颖达深感责任重大，更感唐太宗的知遇之恩，他尽心竭力地诱导太子，时常不顾太子的不满，犯颜直谏，企望他能改弦更张。有一次，太子的乳母遂安夫人劝孔颖达说：太子已经长大成人了，先生何必经常当面责备他呢？孔颖达斩钉截铁地答道：我深受皇恩，死无所恨。从此，孔颖达不顾个人的安危荣辱，对太子"谏诤愈切"，体现了一位忠臣的铮铮铁骨、凛凛风操。

太子曾命孔颖达撰写《孝经义疏》，孔颖达"因文见意"，借题发挥，以规劝太子。唐太宗闻之，大加赞赏。他对几位太子的师傅说：我十八岁时，尚在民间，因此了解民众的疾苦，知晓民情的真伪。然而君临天下之后，处理各种世务，依然多有差失。太子在深宫中长大，并不了解百姓生活的艰难，岂能不产生骄逸之心！你们不可以不极力谏诤。有一次，因孔颖达在东宫尽职尽责，"数有匡谏"，唐太宗赏赐他帛五百匹，黄金一斤，以示嘉奖。

无奈太子积习难改，唐太宗对他的失望溢于言表。见到这种状况，其他皇子萌发了夺嫡换宗的野心。皇四子魏王李泰也是长孙皇后所生，他聪明能干，英俊威武，颇得父皇的宠爱。这势必引起太子的猜忌和不满。魏王也暗中培植党羽，拉拢朝臣，为争夺太子之位作准备。兄弟相争，势不两立。一时间，宫廷内外议论纷纷，暗伏杀机。唐太宗任命心腹之臣魏徵为太子太师，试图借以平息关于废立太子的议论。

然而，太子已然无可救药，竟然派人刺杀规谏他的几位师傅。他派人伏击左庶子张玄素，差点把张玄素打死。又派人刺杀右庶子于志宁。刺客来到于志宁家里，正遇上于志宁为去世的母亲守孝。他们动了恻隐之心，不忍下手，于志宁才幸免于难。还派人谋杀魏王李泰，没有成功。太子又与唐太宗的异母弟汉王李元昌、兵部尚书侯君集等歃血为盟，图谋发动政变。阴谋败露后，唐太宗大怒，废李承乾为庶人，流放黔州（今贵州彭水）。两年后，李承乾死于流放地。

李承乾不纳忠言而遭废黜，纯属咎由自取。这件事牵连了一批东宫官员，令狐德棻、张玄素、赵弘智、王仁表、崔知机等都因教导太子不力而被处罚。只有孔颖达、于志宁犯颜直谏，尽心尽职，唐太宗对他们奖赏有加，信任如故。孔颖达的正直忠贞由此可见一斑。

贞观十一年（637），孔颖达奉命修订《五礼》，书成，晋封为子爵，赐帛三百匹。

荣任国家最高教育行政首长

贞观十二年（638），孔颖达拜授国子祭酒，时年六十四岁。国子祭酒是国子监的长官，而国子监是国家最高教育行政机构。除统领全国教育外，国子监还直接掌管中央六学，即国子学、太学、四门学、律学、书学、算学。前三者相当于大学教育，后三者属于专门教育。如果用现代话语描述，国子祭酒的职务大致相当于教育部部长兼国家最高学府校长。任命孔颖达为国子祭酒是由于他在学界有崇高的声望，而担任国子祭酒又进一步确立了他的学术权威地位。

唐太宗非常重视学校教育。据史书记载，贞观初年，国子监增添校舍一千二百间，学生满员可达二千二百六十人。后来其规模继续扩大。唐太宗大征天下名儒为学官，以提高教学质量，于是，四方学者云集京师。学生凡是精通一部儒家经典的都委任官职。国子监的学生中还有许多少数民族子弟和邻近友好国家派来的留学生。唐太宗曾多次到国子监视察。

孔颖达不仅负责教学管理，还亲自为国子监的学生讲课。从教学内容看，孔颖达主要讲授五经，还有《孝经》等儒家经典。他知识渊博，宏通经学，语言精练，教法得当，有理有据，深入浅出，头头是道。人们称赞孔颖达"学徒盈于家室，颂声彰于国朝"。孔颖达并不是迂腐的老学究，他主张经世致用，认为学习经典的真正目的不在于文字上的记诵，而是在于学以致用，安邦治国。唐太宗曾经称赞孔颖达"深得经邦之要"，他是当之无愧的。孔颖达言传身教，深得学生好评。作为一位杰出的教育家，孔颖达对唐代教育事业的发展作出了自己的贡献，在促进国内各民族之间及与周边国家的文化交流方面起到了积极的作用。

史书上有一段关于唐太宗亲临国子监释奠礼的记载，充分展示了孔颖达主持国子监的风采。释奠礼是在学校中举行祭祀先圣先师的典礼，也是古代学校的一项重要制度。这类制度可以追溯到西周，此后历代相沿。释奠礼的祭奠对象，在周代为周公，汉代以降又加入孔子。周公被奉为先圣，孔子被奉为先师。凡学校初建落成，必须举行释奠礼，以示遵循先圣先师的教诲。此后每年春、秋两季或春、夏、秋、冬四季还要举行释奠礼，以示时刻牢记先圣先师教诲，念念不忘学业。唐朝皇帝对释奠礼极为重视，这一礼制也更加完备。武德二年，唐高祖下令在国子学内分别修建周公庙和孔子庙，一年分四季进行祭奠，以儒官主祭。州县学校则由博士主持释奠礼。唐太宗即位作出新的规定：国子学以国子祭酒为初献，司业为亚献，博士为终献；州学以刺史为初献，上佐（泛指州郡长官的主要属官）为亚献，博士为终献；县学则以县令为初献，县丞为亚献，主簿（掌文书，办理事务）和县尉（掌管一县军事）同为终献，并以此作为固定的制度。献，指献祭，初、亚、终，则是献祭时排列的先后顺序。有时，皇帝亲自到国子监行释奠礼，其规模之盛大，仪式之隆重，陈设之奢华，远非平时的释奠礼所能相比。

贞观十四年（640）农历二月，唐太宗为了表示对教育与经学的重视，亲临国子监观看释奠礼，并听取孔颖达讲经。皇帝亲临国子监，自然意义重大，盛况空前。据记载，释奠礼场面威仪棣棣，环珮纷纷，古乐震天，庄严肃穆。国子祭酒孔颖达宣读祭辞，声称是受皇帝之遣，代其行礼。国子祭酒、司业、博士依次向先师、先圣献祭，跪拜。

释奠礼毕，孔颖达登堂设坐，为学校的生员讲解《孝经》，唐太宗也一起听讲。孔颖达声若洪钟，口若悬河，深入浅出，义理分明。唐太宗令学官、群儒与之辩驳经义，孔颖达对答如流，无懈可击，众人大为折服，真可谓"金汤易固，楼雉难攻"。唐太宗还和孔颖达讨论了关于"孝"的问题。唐太宗对这次活动非常满意，下令以官职大小赏赐国子祭酒以下直至国子监诸生数目不等的绢帛。

释奠礼以后，孔颖达写了一篇《释奠颂》，上呈唐太宗。这篇文章今已亡佚，我们无缘得见，但是从唐太宗的褒奖中，从于志宁的评价中，可以感受到这是一篇内容丰富、感情真挚、形象生动、文辞高雅的好文章。

唐太宗读了《释奠颂》，非常欣赏，手诏褒美，其大意是：仔细阅读你献上的这篇《颂》，的确是篇佳作啊！遵循主题，发掘内涵，感情真挚。充满情感的词句绚烂如中天之日。展开你的手稿，感到文章的俊逸之气高过云天。九重深渊的骊龙之珠，不足以形容它的绮丽。仪表堂堂的五彩凤凰，难以比拟它的华彩。……读你的文章，就像品尝香醇的美酒。你高尚的人品也享誉今世。你的学问包罗百家，涵盖六经。思想如泉水喷涌，情思像兰蕙吐蕊。莫不是关西孔子再世，济南伏生重生？唐太宗给予这篇《释奠颂》极高的评价，赞扬孔颖达知识渊博，才思敏捷，思想深邃，文采飞扬，不仅可以与先秦儒宗孔子、西汉大儒伏生和著名思想家扬雄相媲美，而且为当今学者之翘楚，"翰苑词林，卿其首之也"。

对这篇《释奠颂》，后来位居宰相的于志宁也给予了很高的评价。他称赞孔颖达的才华超过许多古代的博学鸿儒，辞藻之美也可以用"文艳雕龙""谐韵口凤"来形容。这一类赞赏虽有溢美之嫌，却足以证明孔颖达的学识、文章和辩才颇得众人的好评，可谓名重一时。

参与三教论辩

儒、释、道三教是中国传统文化的三大支柱。魏晋以来，三教为争夺意识形态领域的支配地位，不断发生冲突和碰撞，到唐代遂演成三教并立的局面。唐朝廷奉行兼收并蓄的文化政策，由于三教互有优长，故鼎立三分，难分伯仲。正是在这样的背景下，三教之间的论辩，构成了这个时期重要的思想文化现象。

唐朝立国之初，著名思想家傅奕（555～639）先后七次向唐高祖、唐太宗上疏，请求以行政手段废除佛教，于是引发了朝廷内部一场关于文化政策、宗教政策的大辩论。傅奕的主要论点是："佛在西域，言妖路远"，尊尚这种"夷狄之教"的皆是邪僻小人。汉魏以前，没有佛法，而君明臣忠，国家安定。自从五胡乱华，佛教大兴，反而主庸臣佞，天下动荡。梁武帝等因崇信佛教而导致国家灭亡。佛教宣扬因果报应，"妄说罪福"，声称可以消灾免祸，这种欺骗凡俗的做法有损君主的权威。佛教主张出家人不跪拜君主、父母，教唆臣民"无君无父""不忠不孝"，违背中华的伦理纲常。佛教盛行，广修寺庙，寺多僧众，减损兵员，靡费民财，侵蚀赋役，危害国计民生。佛教祸国殃民，"于百姓无补，于国家有害"。因此，应当将佛教斥出国门，令众僧还俗归家，把寺院分给孤老贫民，以草堂土塔安置经像，以便绝其根、断其流。

从国家政治的角度看，傅奕的观点不无道理，有时也的确可以影响皇帝的态度和政策。儒家的礼教、名分、纲常、忠孝等，毕竟是中国古代君主政治的根基之所在。但是，皇帝、朝臣大多信奉佛教或利用佛教，因此，这类争论通常不会导致统治者铲除佛教。三教之间的争论照样持续不断。据唐代和尚释道宣撰写的《续高僧传》记载，担任国子祭酒的孔颖达为了加强儒学的地位，也曾参与三教论辩。

贞观十三年（639），唐太宗召集诸官群臣及三教学士于弘文馆辩论三教经义优劣。名儒孔颖达与道士蔡晃、沙门慧净等参加了这次辩论会。

沙门慧净首先发言，他阐释《法华经》的经义，宣扬佛教的高明之处。道士蔡晃继而阐释自己的观点，弘扬道教教义。唐太宗命蔡晃与慧净彼此辩论。蔡晃正襟危坐，质疑慧净推崇佛教经典的说法，认为抬高佛教经典的说法有内在的逻辑混乱。慧净则援引佛教信仰，以"如来入定征瑞放光现奇动地雨花"之类的话语，论说佛教学说的神圣性和包容性，因而"序最居先，故称第一"。由于两人都各自崇信各自的宗教，用一种盲目的信仰对抗另一种盲目的信仰，因此无法实事求是地深入探讨任何问题。他们只能在一些言辞和逻辑上打嘴架。谁的口才好，谁就能在论辩中略占上风。这类辩论不可能有任何是非曲直可言，也不可能有足够的说服力。两种宗教相互交锋，除了自说自话、自以为是之外，很难有什么实质性的意义。

作为儒家的代言人，孔颖达也提出了自己的看法。他质问慧净："佛家无译，法师何以构斯？"他认为，佛教经典及其汉译本存在不少问题，佛教徒的许多说法并无可靠的依据。尽管沙门慧净极力狡辩，尽管僧侣指责孔颖达"心存道党"，而孔颖达的质问无疑是有道理的。宗教信仰可以内蕴一些有价值的哲理，而其本质上是荒谬的。因此，孔颖达根本不可能说服一位虔诚的佛教徒。

唐太宗奉行三教兼容并蓄的宗教政策和文化政策，他不会简单地站在任何一方。从历史记载来看，唐朝皇帝自命是老子的后代，因此给道教以崇高的地位。他们尊老子为"太上玄元皇帝"，尊道教为"家教"，对《道德经》等道教经典也崇信有加。道家、道教的一些思想在朝堂议政中往往被引用，许多王公贵族还是道教信徒。唐太宗看到了佛教的一些价值，也看到了其荒谬之处。作为最高统治者，他并不迷信佛教，却对佛教大加扶持。统治阶层中也多有笃信佛教的人。儒学是官方学说，唐太宗坚持以儒家经典治国。朝臣之中以儒家传人居多。因此，儒家的官方学说地位从来没有动摇过。正是由于这一原因，这类三教辩论虽时常见于各种场合，却大多无果而终。

这类辩论对孔颖达有很大的触动，他深深感到儒学的地位有待于进一步加强，对影响颇大的佛教势力必须有所抑制。他还深深感到儒家学说自身也有必要继续发展。儒家学者可以质疑佛教经典及其汉译本，而儒家经典及其注疏也存在不少问题。这些问题不解决，就无法统一儒家经典的文本，统一经典注疏；既不利于思想的统一，又不利于保持儒家学说在思想文化领域的优势。作为王朝的最高教育行政官员，孔颖达以实际行动促成了一次大规模的整理儒家经典及其注疏的国家文化工程。他所主持编纂的《五经正义》，就是这个历史背景下的产物。

三、主持、参与一系列文化建设事业

作为唐太宗的重要辅臣，孔颖达不仅在国家政务、教育行政方面颇有作为，多有成就，而且在唐朝初年的国家文化建设事业中作出了一系列重要贡献。他所主持或参与的重大文化建设事业主要有参与编撰《隋书》、参与编定《大唐新礼》和主持编纂《五经正义》等。

参与编撰《隋书》

中国自古有"盛世修史"的传统。编修前代历史是贞观时期重大文化事业之一。孔颖达受唐太宗之命，参加了《隋书》的编修工作，并发挥了重要的作用。《隋书》是"二十四史"之一，编修质量很好。这自然也有孔颖达的一份功劳。

《隋书》的修撰始于唐高祖武德年间。武德四年（621），起居舍人令狐德棻向唐高祖建议修撰前朝史。新朝为旧朝修史是中国史学的传统。只不过唐以前，纪传体"正史"皆为私家编纂。在唐代，朝廷设立史馆，置史官，由宰相主持史书的修撰。这项制度也为以后的历代王朝所沿袭。由于种种原因，武德年间的修史工作历时数年，可惜未能成书。

贞观三年（629），唐太宗令魏徵负责编修《隋书》。魏徵奏请在中书省设置秘书内省，令颜师古、孔颖达和许敬宗负责撰写事宜。参与编撰《隋书》的作者都是饱学之士，具有很高的修撰水平。孔颖达之所以被选入《隋书》的修撰班子，显然是由于他有深厚的史学修养、高深的经学造诣和丰富的人生阅历。

经过数年的努力，《隋书》的纪、传部分于贞观十年告竣，与一起修撰完成的《梁书》《陈书》《北齐书》《北周书》四史合称"五代史"。书成以后，唐太宗非常高兴，特地下诏褒奖，说：公辈在数年之间，修撰完成五代之史，甚合朕的心意，值得嘉奖表彰。唐太宗对修史者各有赏赐，其中孔颖达"加位散骑常侍"。散骑常侍本是中书省或门下省的属官，其职责是"侍奉规讽，以备顾问"。这个头衔，常用作大臣的加官，即在现有职务之上再加上这个官衔。拥有这个加官的通常是皇帝亲信或者高才大儒，他们有权参与朝政，规谏过失，地位相当尊贵。

当时修成的"五代史"只有纪、传部分，没有志。贞观十五年（641），唐太宗又下诏修"五代史志"，由于志宁、李淳风、韦安仁、李延寿等撰写，先后由令狐德棻、长孙无忌监修，历时十五年，至唐高宗显庆元年（656）才成书。

《隋书》共八十五卷，其中帝纪五卷，列传五十卷，志三十卷。参与修撰的是一大批能臣良辅、饱学之士。主编魏徵是唐太宗的著名谏臣，号为"良史"；先后参加编写的孔颖达、许敬宗、于志宁皆曾名列著名的秦王府"十八学士"；颜师古是名重一时的经史大师；负责修撰天文、律历的是著名天文学家李淳风。这批人既是精通治道的政治家，又是见多识广的学问家，这就为《隋书》的学术质量提供了重要保证。《隋书》是现存最早的隋史专著，也是"二十四史"中修史水平较高的史籍之一。历代学者评价《隋书》，都把它列为纪传体正史中的"上品"。

《隋书》的一个重要特点就是全书贯穿了"以史为鉴"的思想。唐太宗目睹了一个强大的隋帝国顷刻间灰飞烟灭，切肤之痛使人刻骨铭心，成功经验远胜空泛说教。他有一句名言，即"以古为镜可以知兴替，以人为镜可以明得失"。主编魏徵在给唐太宗上疏中也曾经说过："以隋为鉴，则存亡治乱可得而知。"基于这种认识，"惩恶劝善""贻鉴将来"成为编修隋史的重要指导思想。

《隋书》弘扬秉笔直书的优良史学传统，品评人物较少阿附隐讳。比如，虞世南的哥哥虞世基是隋炀帝的重要辅臣。在唐朝，虞世南是唐太宗的亲信大臣。在《隋书·虞世基传》中，并没有因为虞世南身居高位而回护虞世基，在揭露他的罪恶时，丝毫不加掩饰。《隋书》保留了许多珍贵的史料，为后人研究隋朝历史提供了方便。例如，《隋书》保存了南北朝以来大量的典章制度，有的甚至可以追溯到汉魏，为后人研究当时的政治、经济、文化制度，保留了丰富的资料。叙事简明，"文笔严净"也是《隋书》值得称道的地方。当然，《隋书》

也存在缺陷。例如，由于隋末大乱，图书散佚严重，史料来源不足，使一些名人"史无其传"。又如，编撰者着眼于"以隋为鉴"，对隋炀帝评价过于严苛，有失公允。

由于《隋书》从草创到全部修完分为两个阶段，历时共三十五年，因而造成署名不一致的问题。主要有两种方式：一种是全书题魏徵等撰；另一种是把《纪传》与《志》分开来署名，《纪传》署为魏徵等撰，《志》署为长孙无忌等撰。北宋天圣二年（1024）刊刻《隋书》时就以第二种方式署名。后来各本皆沿袭。显然，第二种署名较为合理。

孔颖达对《隋书》的贡献如何？由于文献记载缺略，很难清晰地界定。但是，可以比较有把握地判定《隋书》的纪、传部分主要出自孔颖达、颜师古、许敬宗之手。据《旧唐书·魏徵传》记载，皇帝下诏命"令狐德棻，岑文本撰《周史》，孔颖达、许敬宗撰《隋史》"。由此可见，孔颖达是主要的修撰人之一。唐代著名史学家刘知几也曾指出："贞观初，皇帝敕令中书侍郎颜师古、给事中孔颖达共同修撰成《隋书》五十五卷。"刘知几与孔颖达、颜师古是同一朝代的人，所说的话是比较可信的。《隋书》纪传部分署名魏徵撰，是因为当时官修著作只署领衔者的姓名。其实魏徵只作了序、论，并总其成。用今天的话说，魏徵的作用相当于主编，孔颖达则是主要撰稿人之一。

参与制定大唐新礼

贞观时期的另一项重大文化事业是制定大唐新礼。孔颖达奉命参与制定礼制，与同僚一起修撰《贞观礼》。《贞观礼》奠定了唐代礼仪制度的基础，对后世的相关制度也有深刻影响。

自古以来，礼仪制度就是历代王朝的重要政治制度。礼仪制度的主要功能是别尊卑，行教化，以维护朝廷尊严和等级制度。中国自古就有"新王改制"的传统。为了宣示新的王朝的合法性，历代王朝在立国之初必有一番制定礼仪制度的盛举。

唐朝统治者对礼在治理国家中的重要功用有深刻的认识，高度重视礼仪制度的完善。唐高祖、唐太宗认为，礼是国家的根本制度、基本大法和全社会通行的行为规范。礼的主要功能是区别君臣、上下、贵贱，树立君主的权威，规范臣民的行为，以实现安国尊君。礼是治国修身之本，即所谓"治国立身，非礼不可"。但是，唐高祖在位期间，天下尚未太平，无暇制定本朝的礼仪制度，故朝廷礼仪皆因袭隋制。唐太宗即位以后，天下统一，四海安定，便立即着手制定、完善礼仪制度。他经常与诸臣论礼，提倡以礼易俗。他令中书令房玄龄、秘书监魏徵和孔颖达等制定唐朝的《五礼》。房玄龄和魏徵为总负责人，孔颖达、颜师古承担了《五礼》的主要修撰工作。

何谓"五礼"？礼在中国古代源远流长。西周时期，周公亲自制定了相当完备的礼仪制度，从而确定了中国古代礼仪制度的基本结构。据《周礼》记载，周代统治者按照行礼的性质，把礼划分为五大类，即吉礼、凶礼、军礼、宾礼、嘉礼，合称"五礼"。周代制定的这套礼仪制度的指导思想和基础框架为后代的统治者所尊崇，所继承。在一些朝代，对礼仪制度也曾作过损益、增删、补充、修改。例如，隋文帝时修订《五礼》一百三十篇，唐太宗时修订《五礼》一百三十八篇，但基本内容始终未有大的改变。周代是历朝历代礼仪制度的先河和典范，因而被后人奉为"古制"。

吉礼，即祭祀之礼，也就是敬奉鬼神的典礼。古人对各种祭祀活动都高度重视，他们认为祭祀鬼神直接关系到国家的命运安危，因此视之为"国之大事"，将吉礼列在"五礼"之首。笃信天命的唐代统治者，非常重视祭天。依据"五德终始"说，他们自命为应"土德"而兴，因而又格外重视祭地。他们不仅信奉天神地祇，还尊敬先祖之灵，所以也重视祭祖。祭祀天神、地祇、祖宗等各种鬼神的礼仪制度统称为吉礼。

凶礼，是指有关哀悯、吊唁、忧患的典礼。这一礼仪包括许多具体的内容，如遇饥荒要举行荒礼，出现严重的自然灾害要举行吊礼，国内发生动乱要举行恤礼，还有与人们日常生活联系比较密切的丧礼。

军礼是指有关军事活动的典礼。基本内容主要包括校阅、用兵、畋猎等军事活动的礼仪。

宾礼，即各种接待国家宾客的礼仪制度。在周朝，宾礼是诸侯见天子以及各诸侯国之间相互交往的礼仪。后来泛指君与臣、主人与客人、东道国与他国交往的礼仪，包括朝、聘、盟、会、觐等一系列具体的礼仪制度。

在古代礼仪制度中，嘉礼是内容最为庞杂的一种礼仪，它涉及日常生活、王位承袭、宴请宾朋等很多方面。其中以婚礼、冠礼、射礼、飨礼、宴礼、贺庆礼等最为重要。

孔颖达不仅是一位博学鸿儒，精通儒家经典中的礼仪及各种典故，而且曾经在隋朝末年担任皇泰主的太常博士，熟悉朝廷的各种礼仪。因此，他在这项工作中得心应手，发挥了重要作用，作出了突出的贡献。据《旧唐书·孔颖达传》记载，在编撰《五礼》的过程中，诸儒遇到疑难问题都请教于孔颖达，大家不能抉择的问题最终皆由孔颖达决断。

新的《五礼》是在修订和完善隋朝礼仪的基础上完成的。主要变动是增添了"天子上陵、朝庙""养老于辟雍""家隙讲武""陈兵太社"等礼仪，裁撤了"腊祭五天帝、五人帝、五地祇"等礼仪，改"通祭九州"为只祭"神州"地祇等。这部大唐新礼共有《吉礼》六十一篇，《宾礼》四篇，《军礼》二十篇，《嘉礼》四十二篇，《凶礼》六篇，《国恤》五篇，总计一百三十八篇，分为一百卷。由于是贞观年间编撰的，故称《贞观礼》。《贞观礼》为唐朝礼仪制度奠定了基础。在此基础上，后又经许敬宗、李义府修改为《显庆礼》，永徽年间修改为《永徽礼》，开元年间修改为《开元礼》。至此唐代礼仪制度基本固定与完备，为后世所遵行，其间即使有变化，亦无伤大体。

贞观十一年（637），《五礼》修订完毕，唐太宗诏令颁行天下。为了表彰孔颖达的贡献，唐太宗晋封孔颖达为子爵，赐帛三百匹。

七十致仕

在贞观中期，孔颖达奉唐太宗之命主持编纂《五经正义》。这是唐朝初年最重要的一项文化建设事业，也是中国思想文化史上具有深远历史意义的一件文化盛举。《五经正义》成稿后又经历了复审和定稿的过程，直到孔颖达逝世以后才正式颁行天下。在生命的最后十年，孔颖达将主要精力倾注到《五经正义》的定稿工作中。唐太宗对孔颖达的贡献给予很高的评价，他称赞《五经正义》"博综古今，义理该洽，考前儒之异说，符圣人之幽旨"。正是这项工作奠定了孔颖达在中国思想史、学术史、经学史上的崇高地位。关于《五经正义》的编纂过程和历史价值将在后面专辟一章介绍。

贞观十七年（643），孔颖达已经是七十岁的老人了，《五经正义》也基本完成了。孔颖达以年老体衰请求退休。唐太宗起初优诏不允，后经孔颖达多次奏请，方予恩准，并给他优厚的待遇，以示荣宠。

在中国古代，官员的正常退休称为"致仕"，亦可称为"致事""致政""休致"等。所谓致仕，即将俸禄归还君王，把官位归还朝廷，脱离政务，安养休息。退休制度古已有之，夏、商、周均有官员年老致仕制度。周朝规定"大夫年七十而致仕"，即官员做到七十岁就要告老还乡。历代王朝基本上延续了这一退休制度。隋唐继承秦汉传统，以七十岁作为退休年龄。隋文帝曾颁布官员"七十致仕"的诏令。《唐令》规定："诸职事官七十听致仕。"当然七十岁退休不是绝对的。由于官员的健康状况差异较大，为灵活掌握退休年龄，唐代有补充规定，即不到退休年龄而身体衰弱，不能维持正常工作者，可以提前致仕。例如，唐太宗时，尉迟敬德才六十一岁就提出退休。相反，官员虽年满七十岁，但身体健康的还可以继续在岗工作。例如，武则天时，中书令王及善八十二岁在任内去世。可见唐代关于退休年龄的掌握是十分灵活的，还未采用强制退休的办法。孔颖达严格遵守"七十致仕"的传统和规定，自觉请求按时退休，表现出知止求退，不贪恋高官厚禄的态度。这件事也从一个侧面反映了孔颖达高尚的人品。

办理退休的手续，一般是官员向朝廷提出申请，称为"请致仕表"，也即所谓"乞骸骨"。唐代规定，京官五品以上、外官四品以上，才有资格申请致仕。官阶不同，办理退休手续的程序也不同。一般官员办理退休手续，由尚书省经办。高级官员的致仕申请则必须直接送呈皇帝，由皇帝批准。这体现了唐朝对高级官员退休的慎重态度。孔颖达位至国子祭酒，属于高级官员，所以必须报请皇帝批准。他多次请求致仕，唐太宗以社稷所倚为由加以挽留。后经反复请求，唐太宗才不再勉强。可见，唐太宗对孔颖达是多么的倚重和尊敬。"君以恩御臣，臣以义事君"，唐太宗对孔颖达优待致仕，体现的是皇帝的恩赐；孔颖达不愿尸位素餐，全身而退，体现的是臣子的道义。君臣关系之和谐融洽可见一斑。

官吏年老致仕，随之而来的便是国家对致仕官吏的待遇问题。起初，致仕官吏待遇并没有明确规定，到汉朝才逐渐形成了一套完整的制度。于是，致仕官吏待遇便成为致仕制度的重要组成部分。致仕官吏待遇种类繁多，主要有俸禄、赐财、赐物、加官和特殊礼遇等几种。官员致仕后享受什么样的待遇，与其官品、功绩及皇帝的恩宠程度有关。以俸禄为例，唐代规定，五品以上退休官员给予半俸，六品以下官员在退休后仅能享受四年的半俸。玄宗天宝九年（750）后才规定享受半俸终身。少数德高望重的大臣，在致仕后可由皇帝赐予全俸待遇。孔颖达就是其中一位。太宗特别优待他俸禄不减，依然享受原有的待遇，并赐给他一座很好的住宅，还派中书令马周前往慰问，以示荣宠。这在当时是一种极大的荣誉和极高的礼遇。

退休之后，孔颖达继续修订《五经正义》，他实际上依然在为大唐的文化建设事业而继续工作。遗憾的是，孔颖达未能在有生之年目睹自己多年呕心沥血完成的皇皇巨著的刊定、颁行。

四、身后备享荣宠

中国古代有志气、有理想、有作为的士人的人生追求可以概括为"立德、立功、立言"。按照传统价值标准，可以说孔颖达基本上实现了这一人生追求。孔颖达与唐太宗的君臣际遇亦可谓善始善终。因此，孔颖达在身后也备享荣宠。

获赐国葬之典

贞观二十二年（648）农历六月，一代名儒孔颖达逝世于万年县平康里的家中，享年七十五岁。孔颖达去世后，唐太宗允许他陪葬昭陵，赐谥曰"宪公"，褒美有加，赏赐丰厚，殊荣优越。

在中国古代，"生有爵，死有谥"是人们一生追求的"生前身后名"。谥号，通常是指有一定品阶地位、社会影响或特殊业绩的人死后由国家给予的称号。国家赐谥的对象，包括帝王、嫔妃、百官以及其他建有功业、树有德行（如节妇烈女、孝子贤孙等）或声名显赫的人士。帝王的谥号由礼官议定，臣民的谥号由朝廷赐予。忠臣良将死后，皇帝感其功绩，往往赐予谥号，厚待子嗣。臣子死后获赐谥号是一种特殊的荣誉。孔颖达生前获封曲阜子爵，死后获赐"宪公"谥号，可谓生前死后皆获荣宠。

"谥者行之迹，号者功之表"。谥号是依据人物生前的事迹功业和道德情操所授予的一种评判性质的名号。确定谥号是很有讲究的，一般是依据人物情操、品德、功绩及其在帝王心中的评价而确定。孔颖达获赐的谥号为"宪"。依据古代谥法：

"赏善罚恶曰宪。博闻多能曰宪。行善可记曰宪。""博闻多能"这一条显然适用于孔颖达。许慎的《说文解字》说："宪，敏也。"可见，"宪"这个谥号有思维敏捷、博学多才、能力超群的意思。这个谥号确实是对孔颖达一生恰如其分的评价。

孔颖达死后，唐太宗还准其陪葬昭陵。在古人看来，这也是一种极大的荣誉。昭陵是唐太宗为自己修建的陵寝。它是陪葬墓最多的一座帝王陵墓，也是唐代具有代表性的一座帝王陵墓。孔颖达之墓是昭陵众多陪葬墓之一。陪葬人员除皇亲国戚外，大多数是对大唐王朝作出卓越贡献的文武大臣。房玄龄、李靖、高士廉、温彦博、尉迟敬德、程咬金、段志玄、魏徵、孔颖达、长孙无忌等勋臣名将等均安葬于此。陪葬昭陵者，当时都获赐"国葬荣典"，丧事所需费用皆由国家财政支付。孔颖达生前与唐太宗"义深舟楫"，死后还能与唐太宗"相依为命"，安葬在一起。能够与帝王"荣辱与共，生死不忘"，这在当时不能不说是一种极大的荣誉和礼遇。

孔颖达之墓，即"大唐国子祭酒曲阜宪公孔公之墓"，位于昭陵南偏东方向约七公里，即现在袁家村西南八百米处。墓东南四十七米处竖有一块石碑，碑高三百四十厘米，有螭首与龟趺。碑上刻有礼部尚书兼太子左庶子于志宁撰写的碑文。于志宁果然是大手笔，这篇碑文是一篇两千多字的长文，洋洋洒洒，文情并茂，概述了孔颖达一生的经历，总结了孔颖达一生的功德。此碑历经千年的风雨沧桑，依然较为完好地保存着，必将传之后世，让百代瞻仰。为了保护好这块墓碑，现已将它移存陕西昭陵博物馆昭陵碑林第一陈列室。一同展出的还有孔颖达墓碑的碑座。

孔颖达的儿孙也按照以子祔父、以孙祔祖的惯例埋葬于孔颖达之墓附近。据《陕西通志》卷七十记载，孔颖达的儿子礼部侍郎孔志亮、孙子工部侍郎孔惠元都列在获准陪葬唐太宗昭陵的三品朝官的名单中。

由于孔颖达陪葬昭陵，无法按照古代风俗归葬家乡故里。家乡人为了纪念孔颖达，在故乡为他修建了衣冠冢。此墓位于河北省衡水市桃城区前马庄（又名孔贤庄）西北，封土1.5米，占地18平方米。墓前原有元代大德七年（1303）县令袁纬所作的碑记，20世纪50年代被移用。现仅立有民国九年胡宗照书丹石碑，正面阴刻"唐祭酒赠太常卿孔颖达先生之墓"。据说，孔颖达衣冠冢周围寸草不生，被人称为"孔坟显异"。这种说法显然不能成立，但它寄托了人们对孔颖达的怀念和尊敬。古人有诗称赞曰："凌烟阁赞挨辞闻，阙里璇源迥异群。手瀹六经神自解，目空万卷幼能文。一时竹素千秋事，半亩幽阡异代勋。众草蒙茸知让畔，奎光千古照斜曛。"

1920年，衡水的同乡后学为孔颖达立了一块墓碑，以示纪念与敬仰。文化名贤刘耀卿撰文记述其生平事迹，胡宗照书丹，李恒聚刻字。此碑尚存。

孔颖达衣冠冢是河北省衡水市的八景之一。1982年7月23日，河北省人民政府公布为省级重点文物保护单位。

图形凌烟阁

据《旧唐书·孔颖达传》记载，贞观十八年（644），孔颖达与一批唐朝开国功臣一道被"图形凌烟阁"。在他的画像上有唐太宗亲自确定的一段赞曰："道光列第，风传阙里。精义霞开，挨辞飙起。"意思是说，孔颖达光大了孔氏家族，编纂了阐释儒学经义的鸿篇巨制。

据《旧唐书》《新唐书》和《唐会要》等记载，贞观十七年农历正月，唐太宗诏令丹青高手阎立本为二十四位开国功臣绘画肖像。唐太宗亲自确定每一位功臣的赞语，由著名书法家褚遂良将赞语题写在画卷上。这批肖像悬挂于凌烟阁，以示褒扬功臣的勋德，使之万世流芳。长孙无忌等将这批画像的画名叫作"凌烟阁功臣图"。凌烟阁建在唐朝都城长安的宫殿建筑群中，位于西内凝阴殿内三清殿西侧。阁中设三隔，内隔画功高宰辅，次隔画功高诸侯王，外隔画功臣，皆面北而挂。列在第一批名单上的是长孙无忌、李孝恭、杜如晦、魏徵、房玄龄、高士廉、尉迟敬德、李靖、萧瑀、段志玄、刘弘基、屈突通、殷开山、柴绍、长孙顺德、张亮、侯君集、张公谨、程知节、虞世南、刘政会、唐俭、李绩、秦叔宝。因为在凌烟阁上画像的人，都是李唐王朝最著名的开国元勋，所以这是一次轰动朝野的大事。令狐德棻还著有《凌烟阁功臣故事》四卷。

依据一些学者的研究，后来图形凌烟阁的人数有所增补。贞观十七年（643）被批准退休的孔颖达就是增补的第一人。于是翌年出现在凌烟阁上的第二十五幅功臣画像就是一代名儒孔颖达的肖像。孔颖达的主要功勋不是攻城野战，也不是主政安邦，而是文化建设。

关于孔颖达图形与凌烟阁列入功臣之列一事，《旧唐书》与《新唐书》的记载不一致。据《唐会要》卷四十五记载，画凌烟阁功臣图事在贞观十七年二月二十八日，所图二十四人，都有明确记载，并无孔颖达。据此，钱大昕《旧唐书考异》认为，孔颖达不在凌烟阁功臣之列。《旧唐书》所记的孔颖达图赞疑为褚亮所提"十八学士"赞辞。《旧唐书》的作者将"十八学士图"与"凌烟阁功臣图"混为一谈,从而导致记载有误。许多学者赞成钱大昕的观点。这种可能性确实不能排除。

另一些学者不赞成钱大昕的观点。他们认为,名列凌烟阁的功臣陆续又有增添。贞观十七年的名单只是其中的第一批。关于孔颖达的题赞,唐太宗也完全有可能沿用"十八学士"赞辞。因此,《旧唐书》的记载未必有误。这种可能性确实也不能排除。

由于历史记载往往出现缺陷,导致上述争论在所难免。在历史研究中类似的争论可谓司空见惯。笔者认为,在没有找到更有说服力的证据之前,在这类问题上还是以存疑的态度对待为好。实际上,无论孔颖达是否曾经被列入凌烟阁功臣名录,都不会影响他的历史地位。他不仅在唐朝初年的军政事业中多有贡献,而且在唐朝的思想文化建设方面业绩卓著,无愧为重要的开国功臣之一。因此,只要接着从第一批的二十四位功臣名单排下去,理应很快就会出现孔颖达的名字。如果编列唐朝百位开国功臣名单,孔颖达肯定会跻身其中。

"三世司业,时人美之"

孔颖达的人生是成功者的人生。他生前学业有成,建立功业,跻身勋贵,死后备享哀荣,后继有人,名垂史册。作为一位大儒,孔颖达不仅对治国多有贡献,而且齐家也颇有成就。由于他教育有方,子孙皆为学问很高的名儒名宦。

孔颖达有三子,即孔志玄(《新唐书》记为"孔志")、孔志约、孔志亮。长子孔志玄学问很好,官至国子司业,一直任职到去世。次子孔志约官至三品,据有的文献记载他拥有礼部侍郎头衔。永徽年间,长孙无忌受唐高宗之命主持刊定《五经正义》，孔志约以宣德郎行太常博士参与其事，也为编纂《五经正义》作出了重要贡献。孔志约还曾以符玺郎的职务参与修订《永徽礼》，以礼部郎中的职务参与编撰《唐本草》。《新唐书·艺文志》著录有孔志约《本草音义》二十卷，由此可见他的学术水平很高。三子孔志亮也官至三品。他曾任中书舍人，官职隶属于中书省，掌管起草朝廷的下行文书，职责相当重要。三个儿子都颇有学问，官居高位，事业有成，孔颖达家教的成功由此可见一斑。

孔颖达的长孙孔惠元也是一位颇有成就的学者和高官。他"力学寡言"，曾担任国子司业一职，后擢升太子谕德，官至三品，有工部侍郎头衔。孔惠元之子孔立言曾任祠部郎中，孔慎言曾任黄州刺史。孔颖达的另一个孙子、孔志约之子孔琮曾任洪州都督。由于孔颖达及其长子、长孙都曾任国子司业一职，因此当时的人以"三世司业"加以赞美。在中国历史上，"三世同官"的现象已然罕见，而"三世司业"则独此一家。孔颖达教子有方，子孙三代皆有所成，赢得了"三世司业"的宦海美称。这也是令人钦羡的人生成就。

综观孔颖达的一生，不难得出这样的结论：这是一位遵循前辈"修身、齐家、治国、平天下"的教导，并在人生之旅中切实践行这套人生格言的名副其实的鸿儒。论人品，他道德高尚，中正廉直，忠君报国，可谓修身的楷模；论家庭，他传承家学，言传身教，子孙优秀，可谓齐家的典范；论从政，他经世致用，辅佐英主，多有建树，可谓治国的精英；论学问，他弘扬儒学，整理经典，著作等身，为平天下作出贡献。在中国古代，有志达到这种理想人生的士人不胜枚举，而能够将人生理想实现到这种程度的人却寥若晨星。俗话说得好："人无完人，金无足赤。"在孔颖达的人生之旅中，或许也可以找到一些瑕疵。但是，能够主要凭借个人的学识、才干将人生演绎到这种程度的人，也应当算作完人了。

第 3 章

孔颖达的教育思想

孔颖达是一位教育家。从在故乡从事乡村教育开始，到在国子祭酒任内退休为止，他一生的职业可以用"教师"与"学官"来概括。他担任过多种职务，而"学官"二字贯穿始终。在隋炀帝时期，孔颖达最初担任河内郡博士，很快便晋升为太学助教。在唐高祖时期，孔颖达先是担任太学助教，不久就晋升为太学博士。在唐太宗时期，孔颖达相继担任国子博士、国子司业、国子祭酒，还曾兼任太子中允、太子右庶子。正是这样的经历，使得孔颖达在阐释、发挥儒家教育思想的过程中，提出系统的经学教育理论，成为中国古代史上一位著名的教育思想家。

一、大道为本的教育理论

早在先秦，经学教育就是影响广泛的教育内容。汉唐以来，经学教育以长期学校教育占主流地位。作为经学教育的专家，孔颖达多方论证经学教育的必要性、重要性。其中最重要的基础性理论主要有以下两点。

教育以经学为"大本"

在哲学上，孔颖达主张以大道为本。在他看来，"道"是内涵丰富、层次众多的理论范畴，大凡宇宙万物和人类社会的本原、规律、过程、原则，以及具体的事例，最终都可归结为"道"。这种道既是抽象的，又是具体的，它涵盖了一切自然和人事的道理。因此，教育的根本目的是让人们体悟道，认识道，通晓道，恪守道。道是教育与教化的最高依据，也是教育与教化的主要内容。

孔颖达认为，人伦是天道与人理的纽带和桥梁，纲常伦理、尊卑等级符合自然之理，是天经地义的，而"三纲五常"体现了道的宗旨和要义。夫妇尊卑有别，则人性纯粹无邪；儿女孝顺，则父子相亲相爱；孝子为臣必然忠于君主；君臣之间相互礼敬，则朝廷中必然威严庄重；朝廷端正，则天下没有违法非礼之人。如此一来，人人都处在恰当的位置，恪守本分，就会天下大治。因此，有关道的教育的主要内容是符合"天性自然"的夫妇、父子、君臣之道，是"父义、母慈、兄友、弟恭、子孝"的五常。教育的总目标是"化民成俗"，把人民都教化成符合儒家道德的人。

伦理政治化，政治伦理化，是儒家学说的本质特征。孔颖达也是沿着这种思路去推演以"王道"来"教化其民"的治国之道的。在他看来，"王化"的重要途径之一是通过教育的手段，维护伦理纲常、尊卑等级。因此，他主张君主"布五常之教"以教化天下。这就从大道为本的角度论证了教育与教化的必要性、重要性。

在孔颖达看来，儒家经典是道、圣道、王道的主要载体，在教育与教化中的地位可谓举足轻重。其中，圣人仰观天象，俯察万物，效法天地，写成了《易》，"若用之以顺，则两仪序而百物和；若行之以逆，则天位倾而五行乱"。学习《易》的作用与意义在于使君臣、父子、夫妇恪守本分，进而实现"五常之教"。《书》记载古代圣王言行，保留了丰富的统治经验，足以垂法于后世。学习《书》的作用与意义在于"百度惟贞"，不仅能使人借鉴前人得失，吸取统治经验，更能使人的一切言行都符合儒家的政治伦理道德规范。《诗》是歌功颂德之歌，防止邪僻之训，能够感天地、泣鬼神。以《诗》教化百姓大有裨益，这种教育可以陶冶人的情操，培养人的情感，端正人的品行。《礼》是道的载体和政教之本，唯有以礼教化人们，让天下之人都学习礼，精通礼，恪守礼，才能使等级秩序保持稳定。《礼》的教育功能不言而喻。《春秋》的宗旨是"失则贬其恶，得则褒其善"，其功能在于"一字所嘉，有同华衮之赠；一言所黜，无异肖斧之诛"。学习《春秋》的作用与意义，在于褒贬善恶，为人所借鉴，可以收到"不怒而人威，不赏而人劝"的效果。孔颖达强调以圣人之道为教育内容，而所谓圣人之道均不出儒家经学范围。

孔颖达一再强调经典与经学的重要性。他认为，儒家经典都出自圣人之手，《诗》《书》《礼》《乐》等都是圣人制作以垂教后世的法典。《诗》《书》《礼》《乐》等各有优长，具有不同的教化功能，可以使人们具有不同的品格和行事方式。因此，"教学事重，不可暂废"。儒家经典是进行道德意识的培养和道德行为训练的教材，在实施"化民成俗"的社会教化中具有不可缺少的作用。"欲教化其民，成其美俗，非学不可"。这就将经学教育的意义和作用推到至高无上的地位。

孔颖达将经学教育视为教育与教化的"大本"，他主张"人君以六经之道各随其民教之，民从上教，各从六经之性观民风俗则知其教"。正是在这个意义上，孔颖达的教育思想主要是经学教育思想，而经学教育的主旨是一种政治教育，即通过灌输儒家经典思想培训符合"圣人之道"的君主、官僚与庶民。

孔颖达既是儒家学说的忠实信徒，又是大唐王朝的重要学官，他必然将经学教育置于至高无上的地位。经学教育既是传承儒学的主要方式，又是当时学校教育的主要内容，这也是孔颖达反复强调经学教育重要性的主要原因。

"天性"与"化性"

孔颖达认为，人类有"天性"，由于各种原因人类往往违背"天性"，因此，需要发挥教育的"化性"作用，使人类恪守纲常礼义。这就从人性论的角度论证了教育的必要性和可能性。

中国古代思想家大多从人性论的角度出发，探讨人的本质及发展规律，这构成古代教育哲学的重要内容。例如，孟子主张性善论，他认为恻隐之心人皆有之，仁义礼智个个具备。因此，可以通过教育手段，调动自我道德内省，发现善性，抑制恶性，达到人格的完善。这种理论存在明显缺陷，不能圆满解释恶从何来。荀子主张性恶论，他认为人生而好利、慕名、疾恶、好色，如果"从人之性，顺人之情，必出于争夺"。只有通过后天的教育，用各种教化手段改造人的本质，"明礼义以化之，起法正以治之，重刑罚以禁之"，才能使人类去恶从善。

在汉唐，经学家们的人性论深受孔子"唯上智与下愚不移"思想的影响，他们大多将人性分为上、中、下三个等级，进而据此推导教育理论。董仲舒主张"性三品"说。他认为，人的天赋资质中，有性有情，有仁有贪，性主情从，善质为主，却不能依此断定人性本善。善的标准是旨在维护"三纲六纪"的礼义忠信，这些并非人类本性所共有。唯有"圣人"自然符合善，"中民之性"可善可恶，"斗筲之人"则是天生的恶者。圣人无须教化，而斗筲之人不可教化，中人之性则可通过教化使之向善。孔颖达的观点与董仲舒的观点比较接近，他也主张性情二分，性善情恶。由于董仲舒、孔颖达分别代表汉代、唐代官方学说的观点，因而有着比较广泛的影响。

孔颖达认为，"人生而静，天之性也"。清静无欲是人性的根本特征。人类的本性是天赋予的，因而人类的天性是善的，"性者天生之质，正而不邪"。在他看来，"自然谓之性，贪欲谓之情"。性与情是不同的，对天道人性最大的威胁是人的情欲，而情欲是感于外物而产生的。"人出生未有情欲"，意思是，人出生之时原本没有情欲。当人接触外界事物后，除了极少数的"精粹"之人能做到不为所动，大多数人会蠢蠢欲动，放纵情欲，改变天生的清静之性，变得贪得无厌。孔颖达把情欲的张扬称为"灭天理而穷人欲"。情欲是要不得的坏东西，必须予以节制，其中重要手段之一就是教育与教化。这就从人性情欲的角度论证了教育与教化的必要性和重要性。

孔颖达也把人性分为上、中、下三等。他认为，人的禀赋各不相同，"上智不肯为非，下愚戒之无益，故中人之性可上可下"。这就是说，"上智"之人不会为情欲所动而胡作非为，因而无须教育；"下愚"之人顽固不化，因而不可教育；只有

"中人之性"是可变的，可能变好，也可能变坏，他们才是教育的对象。孔颖达强调后天思想教育的重要性。在他看来，"凡人皆有善性，善不能自成，必须人君教之乃得为善"。占社会绝大多数的民众就像一块待人雕琢的璞玉，虽然具有善的素质，但是不能自成，必须由君主施行教化，加以引导才能向善。要想化性成善，由"可能"变为"现实"，需要通过人为的教育活动。其中，君主在化民成性中扮演着不可或缺的角色，设立君主施行教化是合乎天理和人情的。这就为统治者实施礼仪政教，通过思想教育与教化来劝善惩恶，提供了理论依据。

孔颖达认为，政治的功能就是抑制情欲。"裁制人性以礼义"，因而"治人之道于礼最急"。礼是一种社会制度，又是思想言行的准则和规范，权衡是非的价值尺度，所以，礼为君主教化之本。圣人君主之所以制定礼仪制度就是为了教化民众。在《礼记正义序》中，孔颖达用大段文字论述了礼在教化、教育方面的重要功能。他认为，对广大民众施行礼教，犹如修堤防以堵住洪水，设衔策以驱使烈马。"制礼以教民"，礼所规范、约束、防范的对象主要是芸芸众生。这就从"裁制人性"的角度，为施行礼教的必要性、重要性提供了哲理性的依据。这种旨在教化人性、移风易俗的道德教化实际上属于政治教育的范畴。

二、以政治为核心的教育目标

教育直接为政治服务是儒家教育理论的核心内容。在历代大儒看来，教育的最高目的就是为政治服务，即培养和造就遵守礼义的良民、道德至善的贤才和平治天下的圣人。孔颖达对这一教育目标也作了系统的论证。

教育为政治服务的指导思想

儒家的创始人孔子明确提出：从事道德教育就是从事政治。据《论语·为政》记载，有一次，一个人问孔子：你为何不去从政？孔子答道，《尚书》中有一句名言："孝于惟孝，友于兄弟，施于有政。"这句话表明，古代先贤认为躬行孝道就是一种齐家治国的施政行为。由此可见，我宣扬孝道就是从政。难道非得要担任官职才叫从政吗？在孔子看来，孝悌是仁义之本。孝悌之人很少有犯上作乱的。如果一个人在家里孝顺父母，看父母的脸色行事，他在朝廷必然忠于君主。如果君主上能孝敬父母，下能慈爱百姓，民众就会尊敬君主，忠心耿耿。孝悌之道就是齐家治国之道。因此，通过教育传播孝道，这就是从政。

孔子的思想为历代儒者所颂扬。孟子甚至认为，尧舜圣王的治国之道，一言以蔽之，孝悌而已。实际上，儒家从产生的那一天起就是一个以政治思想为核心的学术流派，儒学的核心内容是政治思想。历代儒学宗师也以造就圣君、贤臣、良民为己任。因此，儒家的经学教育实际上属于政治教育的范畴。历代大儒从不讳言教育为政治服务的主张。在他们看来，文化教育、道德教育及各种才艺教育的根本目的是造就符合君主制度、等级制度、宗法制度要求的各种社会角色，进而实现尊卑贵贱分明，君臣上下和谐。

无论从历代实行的制度看，还是从儒家经典的设计看，中国古代教育通常将教育过程分为"小学"和"大学"两个阶段。在八岁左右，学童开始接受"小学"教育，主要教学内容是识字、算术和各种礼仪等。十五岁以后开始接受"大学"教育，教学内容以"经术"为主，目的是使学生通晓修身治国之道。"小学"相当于启蒙教育、初等教育，"明人伦"是这个阶段的主要教育目的；而"大学"相当于中等教育和高等教育，"平天下"是这个阶段的主要教育目的。在《五经正义》中，孔颖达对这种教育制度与教育思想有系统的阐释。

《礼记·大学》对"大学"教育的纲领和目的界定是："大学之道，在明明德，在亲民，在止于至善。"孔颖达的解释是："明明德"就是自己体认道德并昭示于天下；"亲民"就是推己及人，亲爱民众，教化百姓，移风易俗；"止于至善"就是君臣父子等各种社会角色皆达到完全符合伦理道德标准的最高境界，进而建立所有人皆为圣贤的美好的理想社会。具体言之，就是"为人君，止于仁；为人臣，止于敬；为人子，止于孝；为人父，止于慈；与国人交，止于信"。即人人都服从自己的角色规范，为人君的最佳境界是仁，为人臣的最佳境界是敬，为人子的最佳境界是孝，为人父的最佳境界是慈，为人友的最佳境界是信。"止于至善"是政治教育目标的实现与完成。"明明德""亲民""止于至善"是儒者心目中的大学"三纲领"。以此为纲领的"大学"显然是一种政治教育。

孔颖达不仅主张教育为政治服务，而且认为学校教育以政治教育为本，政治教育以经学教育为本。教育目标是培养德才兼备、治世济民的仁人君子，即通过教育使人们精通儒家经典中的"圣道""王道"，在精神修养方面达到圣人的思想境界，在现实社会中建立博大的功业，最终实现天下大治的社会理想。

儒家把政治、伦理、教育综合为一体，以伦理道德为中心构建自己的教育与教化思想体系。他们认为，道德是政治之本。自孔子以来，儒家就特别讲究由己及人，主张统治者治己身、感人心、平天下，即《周易·咸卦》所说的"圣人感人心，而天下和平"。因此，儒家的政治教育将道德教育列为首要功课，其基本内容是忠、孝、仁、义、礼、智、信等。显而易见，这些道德范畴都包含着丰富的政治内涵。在儒家学说体系中，"孝"也是一个极其重要的政治范畴。因此，从教育目的、教育内容看，这种类型的道德教育实质上依然属于政治教育的范畴。

孔颖达也将道德教育视为经学教育的主要内容和重要任务。他认为，政治的成败得失取决于道德的优劣善恶，经学教育则是传播伦理道德的主要手段。在这个意义上，孔颖达又将儒家式的道德教育置于教育思想体系的重要位置。

"修齐治平"的教育过程

在经典注疏中，孔颖达对儒家有关教育过程的设计也多有阐释和发挥。他认为，以"明人伦"为宗旨的道德修养是"大学"教育过程的起点，以"平天下"为目的的政治事功是"大学"教育过程的终点。在教育的全过程中，儒家经典都是最重要的教材，经学教育必须贯穿教育的全过程。文化教育和道德修养归根结底要落实到政治上的事功。

《大学》将修习"大学之道"的过程概括为"八条目"，即格物、致知、诚意、正心、修身、齐家、治国、平天下。"八条目"是儒家政治教育的八个循序而进的步骤。它以"修身"为中心环节，其中格物、致知、诚意、正心、修身五个条目是讲个人道德修养的过程和方法；齐家、治国、平天下三个条目是讲以德治国的展开步骤。修身以前是内圣的功夫，齐家、治国、平天下则是外王的功效。又可以概括为"修、齐、治、平"，即以自我修身为本，以播扬道德为起点，以家齐国治为实现统治的演习、手段和途径，最终达到平天下的目的。这个思想由格物推延到平天下，"八条目"内在联系密切，从而使政治教育的目标得以具体化、层次化和结构化。显而易见，"修、齐、治、平"将道德教育与政治教育结为一体。道德教育的目的归根结底是实现政治目标。

孔颖达对上述思想大加赞赏。他认为，博学者可以为政。学有所成，才能治理好国家，使自己的道德彰显于天下。要想做到这一点，必须先从格物、致知、诚意、正心做起。格物，就是努力学习必要的知识，认识天地间的各种事物，具备识别善恶的智慧。致知，就是通过学习知晓各种事物的道理，了解成败、吉凶的缘由，正确地掌握价值标准，"行善不行恶"。诚意，就是明辨是非曲直，做到"意念精诚"，自谦而不自欺。正心，就是端正心术，使自己的思想完全符合伦理道德，没有任何邪恶的念头。唯有做到上述四点，为人处世恰如其分，才能完成修身的任务。在孔颖达看来，治国要由修身做起，明德要由诚意开始。要做到诚意，必须研究各种事物，学习各种知识。"物格而后知至，知至而后意诚"。因此，掌握各种知识是教育的起点，而道德完善是知识教育的目的。"初始必须学习"，只有掌握了丰富的知识，能够明辨是非，进而实现道德完善，才能够实现修身的任务。修身的主要方法是学习各种知识。格物、致知、诚意、正心都属于修身的具体过程和重要内容。上至天子，下至庶民，人与人之间虽有贵贱之别，却都必须以"修身为本"。

孔颖达认为，诚意、正心、齐家、治国虽有所不同，而"其大略皆是修身"。修身是本，治国是末。身不修则不可以治国。包括孔颖达在内的历代大儒所说的修身，实际上是对儒家经典的学习和体认。他们认为，致知是诚意的前提，而致知的主要途径是诵读儒家经典，体会经典之义。人们具备了对道德与政治关系的理性认识，便有了道德修养的自觉性，这种自觉性又会进一步促进人们内在的道德自律。一旦人的内在道德修养达到高度圆满的程度，就会外化为治国平天下的丰功伟业。

孔颖达认为，格物、致知、诚意、正心是修身的内化，而齐家、治国、平天下是修身的外化。齐家、治国、平天下既是修身的方法与途径，又是修身的结果与检验。一个人只有自我道德修养完善，才能治理好家庭；治理好家庭又可以反证自我道德修养达到了完善的程度。先能治其家，方能治其国。"其家不可教，而能教人者无之"。家国一体，家齐则国治。一个人如果能够将家庭治理得和睦，也就能够将国家治理得有条不紊，进而也就能够实现天下的安定。

在孔颖达看来，《大学》所说的修身、齐家、治国、平天下的教育过程适用于所有的人。一个道德高尚的人，为民则顺于官长，为臣则忠于君主，为长上则慈爱民众，"故君子不出家而成教于国，孝者所以事君也，弟者所以事长也，慈者所以使众也"。由此可见，儒家的道德教育是为政治教育服务的。道德教育更像是一种手段，而政治教育才是真正的目的。

君主是社会教化的主导者

"玉不琢，不成器；人不学，不知道。"孔颖达十分赞同

《学记》中的这句至理名言。他认为，人的知识与思想道德不是先天具备的，而是通过教育与教化而获得的。教育与教化的目标有二：一是培养国家所需要的人才，而人才如同璞玉一样，不经过一番雕琢，也难以成为贵重的玉器。二是通过教育化民成俗，形成良好的社会道德风尚，形成全社会共同遵守的道德规范。因此，孔颖达既强调经学教育的重要性，又强调社会教化的重要性。前者的教育对象通常是统治者或可能跻身统治阶层的人，后者的教育对象通常是普通民众。

孔颖达十分重视社会教化在治国安邦中的重要作用。他认为，与学校教育一样，社会教化也是治国之本。正如天气的冷热寒暑不按四季交替，就会发生灾祸；风雨不调和，就会出现饥荒，如果不及时实施社会教化，就会危及整个社会。君主应当如同春风化雨一般，教化天下臣民，净化大众心灵，美化世俗风尚。因此，孔颖达主张君主以各种手段对民众进行教化，诸如定制度、行礼乐、明人伦、设学校、恤民生、劝善惩恶、尚贤使能等。

与历代大儒一样，孔颖达也是君师合一论者，他认为最理想的政治模式是君主及各级官僚既是国家的统治者，又是臣民的教师。"能为师，然后能为长。能为长，然后能为君"。一个人能够胜任教师的职责，才有资格担任官长；能够胜任官长的职责，才有资格担任君主。因此，君主必须具备很高的道德水准。他理应是道德的化身，有能力担当布政施教的主体。

孔颖达认为，教育的本质就是上行下效，教化的主要途径也是上行下效。他认为，"人随上化"，广大臣民的道德素质在很大程度上取决于君主的道德素质。天下之人皆容易趋从君主的言行，君主的好恶会直接影响到社会风俗的清浊。因此，君主的一言一行不可不慎。"身有善行，示民轨仪，故可以化民成俗也"。只有君主自身端正，才能教化百姓，形成良好的社会风俗。

孔颖达认为政治与教化是由己及人的过程。他强调以德治国的重要性，主张君主治理国家要推行德教，而君主的道德修养是政治与教化之本。君主的道德修养、言行品质和施政方略决定着社会风气、政治状况。君主之德犹如风，臣民之德犹如草，上行下效，风行草偃。这种以君主为核心的道德教化的施行必须以"君为正"为前提。君主唯有加强自身的道德修养，然后才能教化天下之人。孔颖达发挥《诗》《书》《礼》《易》中的有关思想，主张君主效法古代圣王，做道德楷模，行教化于天下，为万民之仪表，以上行下效，缔造盛世。

重视"情教"是孔颖达的教育与教化思想体系的重要特点之一。在阐释《毛诗》的教化思想时，孔颖达指出：教育与教化发生作用的机制是"移人性情"，即通过教育与教化，以潜移默化的方式改变人的性情与素质，进而形成良好的道德品格。孔颖达极为重视诗与乐在社会教化中不可替代的作用。他认为，诗歌与音乐是相互匹配的，它们都是人类情感的自然流露。人情是难以抑制的，故"乐能感人心"。抒发情感的诗歌与声调和谐的音乐可以使人们的情感处于和谐状态，而人心和善有利于协调君臣上下的关系，进而使整个社会达到和谐状态。因此，孔颖达主张将与儒家礼仪相匹配的诗歌与音乐作为最有效的教化手段，通过诗教和乐教收到以"情"动人的效果。

在教化思想方面，孔颖达也多有理论贡献。正如许多学者所指出的：将"教化"与"性情"联系起来是孔颖达为《毛诗》的教化思想添加的新的内容。他从哲学的高度探讨了教化发生作用的根本原理，从而将儒家关于诗教的理论推向一个新的高度。宋代以后的学者多以性情论《诗》，与《毛诗正义》的影响是分不开的。

三、行之有效的教学方法

孔颖达长期从事经学教育，积累了丰富的教学经验。他对许多行之有效的教学方法多有阐释。这里仅列举三例。

"教人之法，当随其年才"

在教学方法上，孔颖达主张因材施教，即教育者要从学生不同的素质和基础出发，有的放矢地进行有差别的教学，使每个学生都能扬长避短，获得最佳发展。

因材施教是教学经验的结晶。孔子认为，人与人有上、中、下之别，资质有高下，学问有浅深，教育者必须根据学生的学习能力确定教育内容与方法。自孔子以来，历代思想家对因材施教多有论述。孔颖达也有进一步的阐发。

孔颖达主张"师当随才而与之"，即教师应当对学生的个性特长和学习能力有深刻的观察和分析，并善于根据学生不同的特点来选择教学内容和教学方法。为什么要因材施教？孔颖达认为，人的禀赋、才智、潜质、接受能力、兴趣爱好等是有很大差异的，因此，作为教育者就应该了解学生的特点，明察学生的个性，根据每位学生的实际情况有的放矢地进行教育。只有因材施教，才能收到事半功倍的功效。教学不能按主观意志行事，要从学生的实际出发，不能急于求成，更不能拔苗助长。如果学生确实接受不了，可以有选择地放弃一些教育内容。

孔颖达主张根据学生的年龄、心理特点进行分段教育。他指出：不同年龄阶段的人在兴趣、习惯、经历等方面会表现出不同的特点，教育者必须充分考虑到这些特点，根据人的年龄特征而施教。他说："教人之法，当随其年才。若年长而聪明者，则教以大事而多之；若年幼而又顽钝者，当教以小事又与之少。"由于受教育者年龄长幼的不同，他们的生活经验、智力水平、接受能力也是不同的，所以教育内容与方法也应该随之不同，不应该有统一标准或者采取填鸭式的教学。例如，对幼小儿童的教学要浅显易懂，不能过多过深。否则，他们不仅理解不了，而且还会被弄得晕头转向，这样的教学是无益的，教还不如不教。

孔颖达主张劳逸结合，给学生充分消化知识的时间和机会。他认为，如不按照学生的接受能力，"务欲前进，诵习使多"，"进而不顾其安"，这种填鸭式的教学方式，只能使学生贪多嚼不烂，造成学生负担过重，反而达不到良好的教学效果。孔颖达主张既要使学生"学而时习之"，又要劳逸结合，使"学者疲倦而暂休息"。这种循序渐进、一张一弛的教育方法，是符合教育规律的。

孔颖达指出：因材施教的教育方法对教师提出了更为严格的要求。教育者首先要了解被教育者，用心去体会、观察、了解每一位学生的性格特点、知识智能、兴趣特长，这样才能有的放矢，因材施教，达到扬长避短的目的。教师的职责之一是发扬学生的优点，克服学生的缺点。《学记》说："学者有四失，教者必知之：人之学也，或失则多，或失则寡，或失则易，或失则止。"在阐释这个思想时，孔颖达作了进一步的发挥。他认为，学生在学习过程中容易犯四种错误：能力有限，而所学贪多，从而导致学无所成；能力很强，而学习太少，从而导致孤陋寡闻；浅尝辄止，学而不思，从而导致不能深刻地领悟高深的道理；不思进取，思而不学，从而导致不能掌握事物的本质。产生这些缺点的原因是由于不同的学生有不同的心理特点。因此，教师应该知己知彼，既了解学生，又要了解自己，这样才能有针对性地教育和引导学生，充分发挥他们的特长。能做到这一点，才能称为"善教者"。

孔颖达认为，教师必须掌握并尊重教育规律，不能一味进行知识灌输，让学生死记硬背。他指出：一些教师不能因材施教，教法简单，急于求成，根本不顾学生能否消化和适应，其结果是使学生丧失学习的积极性，产生畏难情绪，有些虽然勉强完成了学业，也不能学以致用。教育之所以不能成功，其原因之一就在于此。

因材施教的思想是中国古代长期教育实践经验的概括和总结，是我国教育史上的宝贵财富，也是现代教学必须坚持的一条重要原则，具有非常重要的现实意义。

"善问善答，此皆进益学者之道也"

孔子说："不愤不启，不悱不发，举一隅，不以三隅反，则不复也。"这就是说，当学生积极思考却还没想明白的时候，教师应当引导学生正确思考，这叫作"启"；当学生极力想说却不知道怎样表达的时候，教师应当指导学生正确表达，这叫作"发"；教师"举一"，学生应"反三"，这就是启发式教学。孔子的这句话是"启发"一词的出处。孟子说："君子引而不发，跃如也，中道而立，能者从之。"他认为，君子教导别人正如射手一样，只张满弓，却不发箭，做出跃跃欲试的姿势，引导别人跟着学。这是对孔子启发式教学方法的形象说明。《学记》明确提出一个好老师的标准，即"君子之教，喻也"。启发式教学是人类教育思想的精华，它揭示了教育教学的客观规律。

作为一代大儒，孔颖达十分重视启发诱导的教育方法。他说："使人晓解之法，但广开道示欲学理而已。"教师只需"为学者开发大义头角而已"，不必面面俱到，把所有的问题都讲得明明白白。孔颖达继承并发展了前人有关启发式教学的思想。在他看来，教育过程是教与学的互动过程，提高教育成效，不仅要充分发挥教师的主导作用，而且要充分调动学生学习的主动性、积极性。孔颖达认为，启发式教学的意义与作用在于培养学生的积极思维能力。学生是学习的主人，只有经过学生自己理解、思考、论证过的知识，才能内化为掌握了的知识，这是任何人也包办代替不了的。任何注入式、满堂灌的教育方法，都是无济于事的。孔颖达认为，教师教学关键在于启发诱导。对学生要引导而不要牵拉，要鼓励而不要压抑，要启发而不要灌输。引导而不牵拉，师生关系自然和睦；鼓励而不压抑，学习会轻松愉快；启发而不灌输，学生就会认真思考。师生关系融洽，学生就会对学习产生兴趣，并积极地独立思考，这样的教师可谓是善于启发诱导的人。由此可见，启发式教学不但使学生容易接受教师传授的知识，而且还可以激发他们的求知欲，从而收到事半功倍、举一反三、触类旁通的效果。

孔颖达很重视启发、诱导学生。他非常重视"问答法"，常常通过提问来激发学生学习的主动性，并引导学生深入思考，一步步地引出问题的结论。他说："善问善答，此皆进益学者之道也。"善于运用问答法，便可以增进教师教学与学生学习的效果。因为无论是发问抑或是回答，都必须开动脑筋，积极思考，无疑有利于教学质量的提高。如何运用问答法呢？孔颖达指出：善于提问的教师，先引出较容易的问题，然后再问较难的问题。这就像一位好的木匠砍凿、加工木材，首先从柔软的地方下手，然后再砍坚硬的木节。教师因势利导，循序渐进，由易到难，由简到繁，由浅入深，这样才能取得最佳的教育效果。

　　孔颖达反对死记硬背，严厉地批评有些教师自己"不晓经义"，只知道让学生"诵文而已"；故意找些难题来问学生，讲一些枯燥无味的东西，让人听不懂；只知道像填鸭一样灌输知识，不管学生明不明白；教人时没有一点诚意，又不衡量学生的程度与学习能力；对学生的教导违反情理，没有引导学生掌握真正的道理。他认为，教师首先必须钻研和精通经义，这是教学的关键，也是能否做到启发式教学的关键。孔颖达形象地比喻说："善歌者使人继其声，善教者使人继其志。"意思是优秀的歌手能使听众自然而然地跟着他唱和，优秀的教师能使学生自觉自愿地跟着他学习。"记问之学，不足以为人师"，意思是单凭一点死记硬背得来的学问，是没有资格当教师的。那些没有真才实学的教师，滥竽充数还自以为是，根本无法尽职尽责，他们完全是在自欺欺人。由此可见，孔颖达对教师的要求是很高的。

　　孔颖达通晓教育的艺术性。他所主张的启发式教学方法可以充分调动学生的积极性，使学生充满强烈的求知欲，这是开发学生智力，提高教学质量的最佳方法。这种教育思想中的积极因素对完善现代教学思想理论体系有重要的意义。

"教学相长"

在中国古代，教学相长的思想可谓源远流长。孔子认为，"三人行，必有我师焉。"他还谆谆告诫人们："后生可畏，焉知来者不如今也?"孔子善教且善学，他知识广博却仍然虚心同自己的学生切磋，向学生学习，从中得到启示。他将"教"与"学"完美地统一在自己身上，也完美地统一在他的教学过程中。学生在他的教学中受益匪浅，而他自身也在这个过程中获得提升。

在中国教育思想史上，《学记》第一次明确提出了"教学相长"，其文曰："虽有嘉肴，弗食，不知其旨也。虽有至道，弗学，不知其善也。是故学然后知不足，教然后知困。知不足，然后能自反也；知困，然后能自强也。故曰教学相长也。"这段名言至今仍脍炙人口。孔颖达对先儒"教学相长"的至理名言有着深切的体会，并从不同角度阐释了"教学相长"的含义。

"教学相长"的第一层含义是揭示同一个人"学"与"教"的关系，即同一主体学与用、知与行、理论与实践的辩证关系。在这里，这个人、这个主体就是"教师"。作为教育者他必须既有所"学"，又有所"教"，在"学"的过程中"教"，在"教"的过程中"学"。教师本身的学习是一种学习，而教师教导他人的过程更是一种学习。这两种不同形式的学习相互推动，使教师不断进步。《学记》所说的"教学相长"，其本义是指教师自身的"教"和"学"，两种活动相辅相成，相互促进。对"教学相长"的这层含义，孔颖达有深刻的解读。他指出：即使有美味佳肴摆在面前，如果不亲自品尝，也不知道味道的甘美。即使有最完美的道理，如果不去学习研究，也不知道它的奥妙。因此，没有学习之前，诸事荡然，不知道自己的长处，也不知道自己的短处。学习之后才能知道自己的不足。没有教人之前，觉得自己诸事皆通，教人之后才能知道自己有许多弄不懂的地方。人们都有进取之心，知道了自己的不足，就能自我反省而刻苦学习。人们常有懈怠的时候，知道了自己不通达，就能自我激励而不生懒惰之心。教与学是相互促进的。教师通过教学实践能发现自己疑惑不解的地方，通过学习可以弥补自身不足之处。孔颖达认为，"学则睹己行之短，教则见己道之所未道"。教和学互相依赖，互相促进，学因教而受益，教因学而提高。教师自身的教与学可以相得益彰、相辅相成。因此，教师既要是一个善教者，又要是一个善学者。

"教学相长"的第二层含义是揭示教师的"教"和学生的"学"相互渗透、相互促进的辩证统一关系。就教师而言，教的过程也是学的过程，教师可以从学生的质疑中得到教益；就学生而言，学生从教师的教学中获得知识，也可以通过质疑提高教师水平。教与学互相促进，教师与学生共同提高。孔颖达对"教学相长"的这层含义也多有阐发，他特别强调教育者要善于向他人学习。孔颖达对相互切磋、相互学习的师生关系作了分析探讨，继承和发展了"教学相长"的教学思想。例如，在阐释《尚书·兑命》的"学学半"时，孔颖达指出：第一个"学"字是"教"的意思，第二个"学"字是"习"的意思。"教人乃是益己学之半也"，即教别人能够收到大量增益自己学识的效果。教育者必须善于向被教育者学习。"学学半"就是旨在强调"教学相长"的道理。

孔颖达是一位学者型的教师。他既精通经学，又精通经学教育。在他的心目中，教与学的辩证统一关系不单就教师一方而言，"教学相长"可以迁移到教学过程的师生互动之中，使教师的教与学生的学形成相互促进、共同提高的良性关系。孔颖达的成长道路就是典型的"教学相长"之路。他不仅自己刻苦攻读，精益求精，而且善于向学官、学生学习。在孔颖达的身上，教师个体的"教学相长"和教师与学生之间的"教学相长"都得到了充分的体现。正是二者的结合，造就了一位集渊博的学者、优秀的教师和成功的学官于一身的著名学术大师。

由于历史记载的缺略，我们无法知晓孔颖达是如何开展教学的，但是从他的教育思想，从他与其他学官的关系，从人们对他的教学效果的评价看，孔颖达无愧为一位著名的教育思想家和教育实践家。孔颖达的许多教育主张对构建现代教学思想理论体系依然有着重要的借鉴意义。

第 4 章

自成一体的《五经正义》

孔颖达一生最主要的学术贡献是主持编纂《五经正义》。其中包括《周易正义》《尚书正义》《毛诗正义》《礼记正义》《春秋左传正义》。这部书博采众说，自成一体，多有建树，在儒家经学史上占有重要地位。

一、《五经正义》的经学渊源

《五经正义》是一部囊括儒家"五经"的经文文本、前人传注和孔颖达疏的鸿篇巨制。这部经学著作集前代经学之大成，它的诞生是儒家经学发展史上的一块里程碑。因此，要想全面认识《五经正义》的思想价值和学术价值，有必要先大致了解一下儒家经学的历史。

儒家经学的历史起点

儒家经学的历史起点可以追溯到孔子以"六经"教授学生之时。儒家经学成为主流学术的历史起点可以追溯到汉武帝时代。这就是说，到孔颖达生活的年代，儒家经学已经有一千多年的历史，其成为主流学术也有七八百年的历史了。

"经"，本义为编织物的经纬之经。在先秦，"经"可以用来指称一本书的主旨、提纲、要点。《墨子》有"经"与"说"，《管子》有"经"与"解"，《韩非子》有"经"与"传"。"说""解""传"都是解释或发挥"经"之义的。圣贤所作之书亦可称为"经"。荀子称《礼》为"礼经"。《庄子·天运》有孔子治《诗》《书》《礼》《乐》《易》《春秋》"六经"之说。

秦汉以降，人们往往将一些典范性的著作称为"经典"。"经"字有"常""道""理""义""法"等义项。"典"字有"经""常""礼""法""则"等义项。经典，即圣人之作、典诰之书等重要典籍。不同的思想流派会遵奉不同的经典。因此，道家以《老子》《庄子》等为经典。儒家有儒家经典，诸如"五经""六经""七经""九经""十三经"之类。道教有道教经典，如《太平经》等，又有借用道家著作的《道德经》（《老子》）、《南华真经》（《庄子》）、《通玄真经》（《文子》）等。

在汉朝，五经是最重要的儒家经典。汉家天子崇尚儒学，汉代儒者崇拜经典，他们将《诗》《书》《礼》《易》《春秋》五经奉为经典。汉武帝尊儒术的主要措施之一就是设立五经博士。《论语》《孝经》亦可与五经同列，并称为七经。在儒家看来，经典皆为圣人制作，经典所言为人道常行乃至"大经大法"。于是"圣""经""法"联结在一起，学术、信仰、价值、规范也因而交织在一起。《孝经·五行章》称"非圣人者无法"为"大乱之道"。"离经叛道"是最严重的罪行。由于统治者的大力扶持，汉代成为儒家经学大兴盛、大传播的时代。从此之后，儒家经学一直是主流学术。因此，人们一提到"经典"大多专指儒家重要典籍，而一提到"经学"则通常特指儒家经学。

经学，即传授、注释、阐发儒家经典的学问。经学的主要形式是为经典作传注。经典的权威性注释大多称为"传"，亦有称为"笺""注"的。治学者既要背诵、理解经典的原文，又要学习、通晓某种权威性的"传书""经传"。因此，经学又可以称为"经传之学"。

经传之学始于先秦，原本属于民间诸子之学，到汉代演化成钦定的官方之学。例如，春秋公羊学是研习《公羊传》的专门之学，而《公羊传》则是阐释《春秋》的一种传注。据说，这种学问发端于孔子高足子夏的门人公羊高。其后父子授业，师徒传承，逐步形成一种经学流派。在汉代，公羊学派大师辈出，颇受皇帝的青睐，因而最为兴盛，最有影响。汉景帝的博士胡毋生、被誉为"儒者宗"的董仲舒和东汉著名学者何休是这个学派的著名代表人物。又如，春秋穀梁学是研习《穀梁传》的专门之学，而《穀梁传》是阐释《春秋》的另一种传注。据说，这种学问发端于孔子高足子夏的门人穀梁子。其后父子授业，师徒传承，也逐步形成了一种经学流派。汉宣帝设立穀梁春秋博士，使之取得与公羊学派并列的地位。

自孔子创造儒家学派以来，经学就是儒学存续与发展的主要形式，经学内部因不断分化而导致流派丛杂。导致经学分化的主要原因有三：一是经典文本不同，二是学术旨趣不同，三是师说家法不同，四是术业专攻不同。

在汉代，由于在文本选用、学术旨趣、术业专攻、师法传授、治学方法、具体解读和政治境遇等诸方面都存在明显的差异，各家各派的经学宗师及其传人对许多理论问题、学术问题和政治问题的看法多有分歧与争论。例如，在今文经学（今学）看来，孔子主要是政治家，甚至是"受命"的"素王"，他把六经作为发挥自己政见的依托；而在古文经学（古学）看来，孔子主要是史学家，六经是历史的实录和孔子精神的载体。因此，今文经学依据内容深浅排列六经的次序，而古文经学则依据产生年代排列六经的次序。经学各派的论辩乃至争斗构成两汉思想史、学术史的主要景观。一般说来，今文经学长期占据统治地位，而古文经学的力量则逐步壮大。二者既互相对立，又互相交流，逐步走向融合。

崇尚今古文、今古学混同合一的治经方法是经学演化的大趋势。汉代著名经学大师大多不专守一经，而是博览群经，广采众说。到东汉末年，许多经学大师打通今文古文、今学古学的门户，将其合为一体；摆脱章句演绎的烦琐，给予简洁注释；突破儒经道书的樊篱，引据《老子》注《易》。一时间贯通今古、遍注群经、博采各家的学风大盛。这标志着今文经学与古文经学合流的历史过程大体完成。

郑学与王学之争

到魏晋南北朝时期，经学界的争执演化为郑学与王学之争。郑学即郑玄之学，王学即王肃之学。郑学与王学的学术之争不再局限于今学古学，这种争论一直持续到唐代。

东汉末年出现了一位汉代经学的总结者，就是著名经学大师郑玄。郑玄（约108~201），字康成，北海高密（今属山东）人。自幼胸怀大志、勤奋好学，与俗人不同。他的外婆家非常富贵，每逢年节便大摆宴席，宾客们都穿着华丽的衣服，坐在一起夸夸其谈，而郑玄却躲在角落里一言不发。母亲觉得非常没有面子，想让他显示一下自己的才学，郑玄却表示："此非吾志，不在所愿也。"他潜心治学，不慕荣华，终于成为学富五车的大学者。他注有《毛诗》《周礼》《仪礼》《礼记》《周易》《论语》《尚书》《孝经》等。郑玄精通今古文经，学术旨趣以古文经学为主，兼采今文经学的成果。他在融会贯通的基础上，集汉代经学之大成，创造了一个统一的经学体系。一时间，郑学大盛，影响遍及大江南北。据说他的学生超过一万人，史家称赞他"最为大师"。魏晋以来，郑玄所注的《周易》《尚书》《毛诗》《周礼》《论语》《孝经》等先后被立为官学。因此，郑玄之学广为流传，影响深远。一度出现郑学一统天下的局面。

魏晋时期，相继有人批评郑玄之学，王肃就是其中的代表人物。王肃通晓群经，曾为《周礼》《仪礼》《礼记》《尚书》《诗》《左传》等作注。王肃所注经书，也不分今古文，而是对诸家经义加以综合。但是，他处处与郑玄对立，凡是郑玄说是的他就说非，郑玄说非的他就说是。郑玄采用今文经学的，他就引用古文经学予以批驳；凡是郑玄采用古文经学的，他就引用今文经学予以批驳。他还伪造《孔子家语》等，假托孔子及其子孙的言论，为自己的主张提供权威性依据。于是，一种与郑学分庭抗礼的经学流派产生了。

王学与郑学之争不仅是学术上的争论，还有深刻的政治斗争背景。由于王肃是司马昭的岳父，所以他所注解的"三礼"等都被立为官学。客观地说，王学和郑学各有优长，各有局限。王肃融合儒道，用道家自然无为思想，改造儒家的天道观念，认为存亡祸福取决于人事，与"天灾地妖"无关，从而清除了郑玄经注中的若干谶纬迷信。王肃的学说在魏晋时期也产生了较大的影响。

在晋朝，古文经的经典地位得到官方确认。"学官所立诸经，已为贾、马、郑、王之学，其时博士可考者，亦多古文家，且或为郑氏弟子也。"朝廷所尊、士人所习大多是古文经典及其注本。汉代立为官学的各种名家注本则失去了往日的华彩，后来绝大多数佚失。

在这一历史背景下，今古文混同合一的治经方法成为主流。当时最有影响的经学学派均可归入"综合学派"。郑玄之学和王肃之学都具有这种学术特征。这种现象标志着原本由于尊崇两组文本不同的经典而导致的经学内部的对立已经基本上化解，经学走向综合化的发展阶段。从思想发展史的角度看，经学综合化的重大意义在于用统一的解释体系，将产生于不同时期的儒家经典整合为一体，使之构成一个内在逻辑统一的思想体系。这是符合学术发展的历史趋势的。

南学与北学之争

在南北朝时期，由于中国长期政治分裂，南朝与北朝的社会与文化存在明显差异，经学逐渐形成了南北两派不同的风格，史称"南学"与"北学"。

北方统治者大力推崇儒学，因此著名经学家的数量多于南方。北学较多保持了汉魏经学的传统，主要传承郑玄注的《周易》《尚书》《毛诗》和"三礼"，服虔注的《左传》，以及何休注的《公羊传》，一般不采纳玄学家的经注。

南学与北学最重要的区别是南学的玄学化特征十分明显。

所谓玄学化的实质是大量吸收道家及玄学的思辨成果。这是一个漫长的历史过程。

"圣人重名教，老庄明自然"。儒家崇尚礼治，道家张扬道治，两家的思维方式和主要关注点存在明显差异。然而，早在先秦，纲常为本的政论与大道为本的哲理就启动了相互融合的过程。在两汉，为了提升儒学的思辨水平、反制神秘主义思潮，一些严肃的儒家思想家从《老子》中寻觅思想武器。西汉末年的扬雄兼综《易》《老》，倡导"天道自然"，当属最典型的代表人物。经学家们大多将"孔子师老聃"传为佳话，兼习《老子》者也不胜枚举。例如，大儒马融注《老子》《淮南子》；《易》学名家虞翻作《老子注》；经学大师郑玄引《老》注《易》，还可能著有《老子注》。这表明，"名教"与"自然"的结合是儒家学说向前推进的内在需要和总体趋势。

汉学之衰与汉朝之衰互为因果。在东汉，谶纬之学达到极致，名教之说导出虚伪，儒家经学走向僵化，人们大多厌倦了陈词滥调。在"时将大变，世将大革"的政治背景下，对政权、经学、世风持批判态度的人越来越多，遂逐渐形成处士横议、论无定检、任情放纵的新风气。汉朝政权没落了，汉代经学也随之衰落了，其影响力大不如前。于是崇尚"自然"的玄学取代张扬"名教"的经学，成为思想领域的主角。

魏晋以来，玄学风行一时，在上层士大夫群体中有重大影响。就学术风格和思想形式而言，玄学是对两汉经学的反动。其主要表现是摆脱恪守经典的治学方法，探索儒道综合的学术途径；冲决保守僵化的师法家法，挥洒颇有创意的义理阐发；鄙薄支离破碎的章句之学，追求玄远高妙的本体思辨；摒弃荒诞无稽的灾异之说，张扬崇尚自然的天人哲理；蔑视虚伪做作的俗流礼法，标榜通脱简易的名士风骨。因而无论学风、士风都与前代有明显的反差。其中一些代表人物，如嵇康、阮籍等走向"越名教而任自然"，乃至提出无君论。

乍一看来，崇尚自然的玄学是对张扬名教的经学的反动。但是，就其主流而言，玄学非道非儒，似道似儒，是儒道两家合流的产物。玄学以三玄（《老子》《庄子》和《周易》）为经典，以名教与自然的关系为思辨的核心命题，将儒家的名教观念与道家的自然哲理有机地黏合在一起。他们提出行无为而用名教、名教出于自然、名教合于自然或名教即自然的主张。这就论证了名教与自然的内在一致性，以精巧的形式弥合了儒道两种思想体系的裂缝。何晏、王弼、郭象等玄学家的最大贡献是对名教与自然一致性的理论论证，从而为纲常名教思想提供了更具思辨性的哲理性依据。

玄学的主流并没有真正逾越经学的轨道。何晏集解《论语》，"善谈《易》《老》"；王弼祖述王肃，"好论儒道"；向秀"著《儒道论》"；江惇"博览坟典，儒道兼综"；王昶主张"遵儒者之教，履道家之言"……玄学诸子以道家哲理解释《周易》《论语》，以儒家经义解释《老子》《庄子》，他们既继承了儒家的纲常思想，又发挥了道家的思辨哲学，将二者有机地结合在一起。其中，王弼注的《周易》影响很大，在南朝属于官学范畴。在一定意义上甚至可以说玄学是一种风格别致的经学，即玄学化的经学。

伴随着玄学思潮的泛滥，经学的玄学化也日益明显。魏初的宋忠、王肃解《太玄》，治《周易》，注《老子》。这种治学方式的盛行不仅导致玄风大作，推出玄学化的经学，而且推动了经学的改造、充实和提升。玄学的流行也势必影响经学的治学方式。经学的玄学化与玄学化的经学互为因果，相反相成，为经学注入了新的思想因素。南朝经学家大多重视玄学的思想成果。例如，在易学研究中，他们不仅多以《老子》《庄子》阐发《周易》经义，而且主张以玄学家王弼注的《周易》为主，兼用经学家郑玄注的《周易》。《尚书》《左传》等的注解也有类似现象。皇侃的《论语集解义疏》就是玄学与经学合流的代表作。

皇侃是南朝梁武帝时期的著名经学家，南学的代表人物之一。他兼容王学和郑学的观点，重在贯通诸家，尤为精通"三玄"，着意于阐发经义。皇侃为何晏的《论语集解》作疏，以玄学的哲理论证儒家的纲常、仁义、孝悌，这就将玄学的思维成果引入经学。这部经学名著还受到佛学的影响。在经学史上，皇侃的《礼记义疏》和《论语义疏》起着承先启后的作用，其思想特点和学术方法展现了经学的演化趋势，其学术成果对孔颖达的《五经正义》有重要的影响。

统一经学的条件日益成熟

许多思想文化史的著作笼统地谈论魏晋南北朝时期"经学的衰落"。这个提法很容易误导人们对历史的认识，导致夸大玄学的特异性和影响力，忽略经学的新进展和影响力。实际上，在政治生活中，经学的影响力并不逊色于玄学。经学在一定意义上的衰落不仅没有导致经学的终结，反而标志着它向新的境界、新的高度迈出了坚实的步伐。一种丧失影响力的经学衰落了，另一种更具生命力的经学萌生了。所谓"经学的衰落"只是相对而言。

在南北朝时期，经学得到了长足发展。主要表现是：经学始终处于官方学说地位，在官僚、士人群体中，信奉儒家政治价值观的居多数，许多读书人专攻儒典，"素不玄学"；在朝堂议政中，儒家经典依然是最具权威性的依据，其引用率和有效性皆为其他学派所望尘莫及，儒家思想依然是维系统治的重要思想支柱，就连玄学、道教的政治思想和政治价值也深受儒家学说的影响；许多经学家兼取儒、道、释，博通百家言，他们以儒为主，兼收并蓄，贯通诸家，一种新的学风逐步形成；许多经学家在保持经学固有的学术风格的同时，吸收玄学、佛学的思想成果，为经学注入了新的因素，大幅度提升了儒家学说的思辨水平。这些新进展使经学逐步解决了自身发展所面临的一系列问题，即去除今文经学的穿凿虚妄，摆脱古文经学的拘谨烦琐，融会各种学术因素，发掘儒家学说的义理真谛。在这一历史背景下，整合各种经典文本注疏的趋势日益明显，统一经学的时机日益成熟。

分化与整合的互动是思想文化自身发展的客观需要，也是主流文化历史演化的一般规律。纷纭复杂的思想文化演变过程也可以用"分久必合，合久必分"来描述。从春秋战国的诸子百家分化，到西汉以独尊儒学整合各种学说，这是"分久必合"。从今文经学盛极一时，独领风骚，到从今、古文之争演化为南、北学之争，这是"合久必分"。当学术分化到一定程度的时候，往往会推出一种具有综合性、整合性的学术类型及其代表人物。这种新的学术类型极易迅速产生广泛的影响力，从而占据主流文化的地位。经过数百年的学术分化之后，在综合自身不同流派的学术成果和整合玄学、佛教、道教等其他学派的思想成果的基础上，经学势必不断升华并逐步走向一定程度的统一。在南北朝时期，这个演化趋势就已经相当明显。

思想文化的演变与社会政治的演变息息相关。政治的分裂与对抗往往导致思想文化的分化与对峙，而政治的统一也往往推出相对统一的思想文化。从魏晋到隋唐，中国大地大部分时间处于政治分裂状态。与此相应，经学也处于相当严重的分裂状态。在隋朝，政治统一得以实现，从而为经学的兴盛与发展创造了政治契机。一统的帝国需要有相对统一的经典文本及其解释系统，统一经学的问题提上了政治日程。为此，隋炀帝多次召集经义辩论，经学界也展开了旷日持久的学术论辩。孔颖达就曾在这场波及朝野的论辩中扮演过重要的角色。在国家政权的干预下，经学加快了走向统一的步伐。

科举制度的产生是推动经学走向新的统一的至关重要的政治因素。隋文帝、隋炀帝采取一系列措施扶掖儒学，又创造科举制度以经义举士。作为新制度的配套措施，经学的统一势在必行。只要国家给予必要的投入，学校教育便不难发展；只要国家坚持以经义取士，经学便不难保持主流学术地位。这一点两汉魏晋南北朝的统治者也大体做到了。历代统治者一般对经学各派采取兼收并蓄的方针。为了扶持微学，增广见闻，历代朝廷设置名目繁多、学派丛杂的经学博士，诸如汉代的"今文经十四博士"之类。由于科举制还没有产生，人们也没有感受到必须统一经学的迫切性。因此，在考察经学统一的历史过程的时候，不必夸大隋唐皇帝奖掖儒学的作用。如果没有科举制度的出现，即使政治的统一推动了经学的统一，其统一的程度也不会达到《五经正义》的水平。

科举制度，特别是进士科考试，要求更高程度的经学统一。以考试选拔人才，必须做到使用的教材大体统一，试题的依据大体统一，阅卷的标准大体统一，否则很难保证考试的公正、选拔的公平。据《北史》《隋书》等记载，当时经学内部的差别很大，以致"师训纷纶，无所取正"，就连国学的博士都不可能通晓各种经说。于是在教育实践中，教师与教师、教师与学生、学生与学生之间争论不休："学生皆持其所短，称己所长，博士个个自疑，所以久而不决也。"课堂教学尚且如此，国家考试就更难应付。因此，科举制度的发展迫切需要经学的统一。

兴起于南朝的义疏之学为经学的统一提供了重要的学术基础和解读方式。义疏又称"讲疏"，意为疏通其义。义疏既不同于传注或集解，也不同于玄理发挥，而是介乎义理与训诂之间的一种新型经学著述形式。它不仅解释经典及其传注的词义，串讲句子，而且阐发章旨，申述全篇大义。义疏之学的出现是经学研究从单纯注释，向注释、考据相结合逐步发展的重要标志。孔颖达的《五经正义》就是在义疏之学的基础上发展起来的。

在隋朝，统一经学的条件完全具备了。如果不是隋炀帝很快就招致国破家亡，类似《五经正义》的经学巨著极有可能产生于他所统治的时代。

唐太宗在位期间，国家统一，政治安定，经济发展，文化繁荣。统一经学的历史过程终于在"贞观之治"的历史背景下得以完成。《五经正义》的问世就是标志着经学实现统一的重大历史事件。

二、《五经正义》的编纂过程

编纂《五经正义》是一个庞大的系统工程。具体编纂过程大致可以分为学术准备、奉诏修撰、组织编写、复审成书、刊定颁行等几个阶段。

从学术准备到奉诏修撰

在正式启动《五经正义》的编纂工作之前，有一个重要的学术准备阶段。唐朝皇帝的一系列举措，为《五经正义》的编纂创造了良好的学术环境和重要的学术基础。

唐太宗坚持以儒教为本的基本国策，为儒学的发展提供了良好的学术环境。他认为，最好的官方学说"惟在尧舜之道，周孔之教"，弘扬儒学不仅能够"笃父子，正君臣，尚忠节，重仁义，贵廉耻，贱贪鄙"，更能够"经邦致治"，国泰君安，甚至使人们"无位而尊"。唐太宗进一步加大尊孔崇儒的力度，他采取的主要措施有以下几点。

一是凸显孔子的地位。唐高祖曾立周公为先圣，按时祭祀，以孔子配享。贞观二年（628），唐太宗下令专门设置孔子庙堂，以孔子为先圣，以颜回为先师。贞观四年，他又下令全国各州县都置孔子庙。贞观十一年，他再次诏令全国尊孔，并特设孔子庙殿，专门拨二十户人家维持供养，以示对孔子学说的崇拜。唐太宗还多次亲自参加祭祀孔子的仪式，以表示对孔子的崇敬和对儒学的推重。这就为儒学繁荣创造了极为有利的政治环境。

二是扩建国办学校。在隋朝大力发展"国子郡县之学"的基础上，唐初诸帝进一步扩充、完善，对学校系统、分科设置以及课程内容、入学资格等都有详细的规定。学校的规模更是有了空前的发展。隋唐学校的教育内容，除个别专科性质的学校外，一律以儒学为主，如国子学、太学皆设《周易》《尚书》

《毛诗》《春秋左氏传》《礼记》五经博士，学生"五分其经以为业"。地方学校也以五经教授诸生。为了适应学校教育发展的新形势，编辑通用的教学书籍势在必行。由此也可以看到统一经典文本及其注释的必要性和重要性。

三是发展科举制度。科举制度在唐朝得到进一步的发展和完善，分科考试选拔官员已成为重要仕途。科举考试以经义取士，唐代科举考试主要有进士科、明经科两种，帖经和经问大义是这两科的必考科目。三传科、童子科等也以通经为及第标准。儒家经典既是学校的教材，又是科举考试的基本内容和评判依据。因此，科举取士制度的不断发展势必要求尽快推出统一的经典文本和统一的经义注解。

三是大力推动经籍图书的搜集与整理。为了满足日益兴盛的教育制度的需要，并为统一经学做必要的准备工作，隋唐诸帝都致力于经籍图书的搜集与整理工作。唐朝建立后，学校的兴盛，儒学的繁荣，对儒家经典的搜集、整理工作也备受皇帝重视。经过多年的努力，到唐太宗时期，"秘府图籍，案然毕备"。国家经籍图书日趋丰富、完备，为经学的统一创造了重要的条件。

四是考订五经文本。贞观四年（630），唐太宗因各种经典"去圣久远，文字讹谬"，诏令颜师古考订五经。颜师古是当时的著名经学家之一，他对五经的文字多有厘正，既成，上奏皇帝。唐太宗召集诸儒详加审议。面对质问与疑义，颜师古引经据典，一一解答，辨析精到，理据俱足，诸儒无不叹服。贞观七年，唐太宗将新订五经颁行天下。这是唐代统一经学的第一步，这项工作为编纂《五经正义》奠定了重要的学术基础。

但是，颜师古只是对五经的文字进行校订；至于对五经的解释，依然著作繁多，众说纷纭，莫衷一是。这个问题不解决，依然无法最终完成统一经学的文化建设任务。于是唐太宗将下一步的目标瞄准了完善、修订经典注疏的工作，以便实现对儒家经典的解释基本一致。颁行五经新版本不久，唐太宗便下诏，令孔颖达、颜师古、司马才章、王恭、王琰等编纂《五经义疏》（后改名为《五经正义》）。

关于孔颖达等奉诏编纂《五经正义》的具体时间，史书中没有明确记载，因而导致学者们的意见多有分歧。据《唐会要》卷七七记载，"贞观十二年，国子祭酒孔颖达撰《五经义疏》一百七十卷，名曰《义赞》，诏改为《五经正义》"。按照这一记载，《五经正义》的初稿在贞观十二年（641）已经撰写完成，奉诏编纂的时间当在此前数年间。许多学者指出：孔颖达晋升国子祭酒的时间就是在贞观十二年，而《五经正义》又卷帙繁多，他不可能以国子祭酒的头衔当年受诏，当年完稿。基于这种判断，学术界一般认为《五经正义》开始修撰的时间是贞观十二年。但是，从现存记载看，无法完全排除在此之前孔颖达便奉诏修撰的可能性。

组织撰写与复审成书

《五经正义》初稿完成的时间大约在贞观十六年（645）之前。这一套经学名著由孔颖达主持编纂，由当时的一批名儒参与修撰、复审，先后参与其事者为数众多。

孔颖达是《五经正义》的主编兼主要撰稿人。如果用今天的话语来描述的话，孔颖达等人承担的是一项国家级重大攻关学术课题。课题立项时，孔颖达是课题的首席专家，颜师古、司马才章、王恭、王琰四人是课题组的核心成员，他们奉命共同组织《五经正义》的编纂工作。但是，在《五经正义》各序中，孔颖达所述修撰人姓名，全未提及颜师古等四人，这似乎不合情理。这有两种可能性：一是颜师古等四人参与了编纂《五经正义》的组织工作，而不是专任一经，没有参与具体的编写。二是颜师古、司马才章、王恭、王琰等人虽然同时受诏撰书，后来又另委公干，实际上并未参与或很少参与《五经正义》的编纂工作。在最终成果中孔颖达根本无须提及他们的名字，也从来没有人对此提出异议，由此可以推断，第二种情况的可能性更大一些。

《五经正义》是五部经学著作的总称，每一部经典注疏都有一套写作班子，分别由若干主撰人具体负责。在每一部经典注疏的序言中，孔颖达均一一列举了主撰人的姓名。在《周易正义序》中，他提到"与马嘉运、赵乾叶等对共参议"。在《尚书正义序》中，他提到"与王德韶、李子云等谨共铨叙"。在《毛诗正义序》中，他提到"与王德韶、齐威等对共讨论"。在《春秋左传正义序》中，他提到"与古那律、杨士勋、朱长才等对共参定"。在《礼记正义序》中，他提到"与朱子奢、李善信、贾公彦、柳士宣、范义頵、张权等对共量定"。这些人都是《五经正义》的主撰人。"对共参议""谨共铨叙""对共讨论""对共参定""对共量定"都是一个意思，即分工合作，共同修疏，集体商议，主编定稿。由此可见，在《五经正义》的修撰过程中，孔颖达付出了极大的辛劳，作出了重大的贡献。他既是全书的总负责人，又是每一部经典注疏的首席主撰人，并非如后世一些学者所说的徒挂虚名，没有实际参与编纂。

《五经正义》初稿完成以后，许多持不同学术观点的人提出了批评意见。于是，唐太宗在贞观十六年下诏令孔颖达等人进行复审。参加每一部经典注疏复审工作的有三类人：一是这部经典注疏的原修疏人均参加复审。二是每一部经典注疏又增加一些成员参加复审。其中，《周易正义》增加了苏德融等，《尚书正义》增加了朱长才、苏德融、随德素、王士雄等，《毛诗正义》增加了赵乾叶、贾普曜等，《春秋左传正义》增加了马嘉运、王德韶、苏德融、随德素等，《礼记正义》增加了周玄达、赵君赞、王士雄等。三是皇帝指派特使赵弘智负责审核、验收。每一部《正义》修订完以后，都由赵弘智做最后的总审工作。

通过复审后，唐太宗下令《五经正义》在国子监内施行，赐孔颖达帛三百匹。在编纂过程中，《五经正义》曾经使用过"义训""义疏""义赞"等名称。经唐太宗钦定，正式定名为《五经正义》。类似的情况在古代典籍中很常见，例如，《史记》定名之前名为《太史公书》《太史公记》《太史公》等，《战国策》定名前有《国策》《国事》《事语》《短长》《长书》《修书》几个名字。

关于《五经正义》的卷数亦有不同的记载。于志宁《孔颖达碑铭》《唐会要》《册府元龟》等记载为一百七十卷，《旧唐书》《贞观政要》等记载为一百八十卷，《新唐书》记载为百余篇。于志宁与孔颖达长期在朝堂共事，他为孔颖达所作的碑铭是比较可靠的实证材料。据此可以推定，这部经典注疏最初的卷数极有可能是一百七十卷。从现存孔颖达亲自为《五经正义》所作的五篇序言看，《春秋左传正义》凡三十六卷，《周易正义》凡十四卷，《尚书正义》凡二十卷，《毛诗正义》凡十卷，《礼记正义》凡七十卷，总计一百八十卷。这表明在审定过程中，《礼记正义》的卷帙有所增删。孔颖达序中所列的卷不一定就是最后定稿的卷数。孔颖达逝世后，长孙无忌、于志宁等又对《五经正义》作了一些修改，因此卷数又有了变化。

修改刊定与颁行天下

复审颁行后，人们依然议论纷纷。《五经正义》的重要撰修人之一马嘉运站出来挑战孔颖达的权威，指责这部经过修订的经典注疏"颇多繁杂"。许多儒者站在马嘉运一边，认为他批评得很允当。于是，波澜突起，再生变故。唐太宗尊重诸儒的看法，"有诏更令裁定"。贞观十七年（646），孔颖达年老退休。五年后，他便辞世。直到孔颖达去世，裁定工作尚未完成。

孔颖达逝世后三年，即永徽二年（651），唐高宗诏令中书省、门下省、国子监三馆博士及弘文馆学士共同考订《五经正义》，并提出修改意见。他任命太尉长孙无忌、司空李勣、左仆射于志宁、右仆射张行成、侍中高季辅等朝廷重臣总领修订之事。参与修订工作的还有褚遂良、柳奭、古那律、刘伯庄、贾公彦、范义頵、齐威、柳士宣、孔志约、赵君赞、薛伯珍、史士弘、郑祖玄、周玄达、李玄植、王真儒、王德韶、随德素等。

永徽四年，《五经正义》的修订工作最后完成，唐高宗诏令将其颁行天下。于是，《五经正义》成为通行全国的官定读本，是各级学校的标准教材，也是科举考试的经典依据。

《五经正义》颁行天下之时是以五种单行本的形式分别流传于世的。这些单行本不包含经与注的全文，只标明所作疏的经、注起讫，故后人称之为"单疏本"。这种情况一直延续到北宋时期。现在通行的《五经正义》则是经、注、疏合刊本，即所谓"注疏本"。南宋时，为了阅读的方便，人们将孔颖达的正义附于经、注之下。到后来，又将陆德明的《经典释文》附于经注之后、正义之前，这也是为了阅读上的方便。从阅读的角度看，注疏本更为方便，故南宋以后逐渐流传，以致成为通行本。

关于《五经正义》的署名问题，学术界也多有争议。诸如为什么只署了孔颖达的名字？为什么孔颖达对颜师古、司马才章、王恭、王琰等只字未提？为什么《旧唐书》《新唐书》对各部经典注疏的主撰人记载存在差异？

从编纂的全过程看，在受诏修撰、编纂初稿、复审校阅、修改审定等各个阶段，先后参与其事的人数众多，既有若干朝廷重臣，又有一些当代鸿儒，还有众多博士、助教，有姓名可考者达数十人。因此，《五经正义》显然是一部集体著作。但是，《五经正义》署名"孔颖达撰"并无不妥之处。

首先，这种做法符合古代的惯例。当时官修著作只署领衔人的名字，如《隋书》，孔颖达实为主撰人，而只署"魏徵撰"。《五经正义》只署"孔颖达撰"也是同样的道理。因此，在当时，这种署名方式并没有什么不妥。

其次，从奉诏修撰、完成初稿、复审成书，孔颖达均直接参与。在退休前后，孔颖达也极有可能参与了一些刊定工作。作为主持者、组织者、主撰者、通稿者、复审者，孔颖达为编纂《五经正义》付出了极大的劳动，他并非只是挂名而已。孔颖达既是主持人兼主编，又是主要撰稿人，每一部经典注疏都有他的学术贡献。这与当今许多挂名领衔的"主编"有很大的不同。更何况这种署名方式并不是孔颖达本人确定的。永徽年间，长孙无忌等朝廷重臣负责主持刊定《五经正义》的工作，他们不署己名，而署孔颖达名，也体现了对孔颖达巨大贡献的尊重。

最后，孔颖达在确定经典文本，选择传注版本，规划编纂大纲，撰写疏解文字，审定书稿内容等工作上，都发挥了重要作用。孔颖达不可能做到事必躬亲，而全书的学术基调、基础框架、主要思路和重要内容可以大体体现他的经学思想。作为该书的主编，孔颖达可以引为这种思想体系的代表。因此，完全可以用"孔颖达疏"的方式表述《五经正义》的思想。

《五经正义》的编纂方法

《五经正义》使用了一种史无前例的编纂方法，即名曰"正义"的注释体例。"正义"的注释体例是在南朝时兴起的义疏体例的基础上发展起来的一种学术研究样式、注释体例。正义与义疏的不同之处在于，义疏可以对旧注提出质疑，疏解者可以发挥本人对经书的理解，而正义却在各家注中间进行甄别，依据所采纳的注文进行解释、疏证，在此基础上有所引申、发挥。所谓正义，即对经典的某种注释的注释。这就决定了《五经正义》的编纂方式具有以下几个特点。

一是精选一家注文为正宗。孔颖达没有采用并存诸家之说的集注本模式，而是对汉魏以来流行的各种注释本，认真比较、严格筛选，从中选择最优注本。其中《周易正义》宗本王弼注，《尚书正义》采用孔安国传，《毛诗正义》遵从郑玄笺，《礼记正义》专从郑玄注，《春秋左传正义》采用杜预注。从当时的学术发展水平看，孔颖达的选择是正确的。

二是参考前人义疏的精华。孔颖达撰写的疏文，亦即"正义曰"，大多参考了前人的学术成果。除了《周易正义》之外，其余四部《正义》都从前人义疏中选一二底本，在此基础上加以增损、修订，形成自己的疏文。其中，《尚书正义》选择刘焯、刘炫的义疏为底本；《毛诗正义》采用刘焯、刘炫的义疏为底本；《礼记正义》采用皇侃的义疏为底本，以熊安生的义疏作为备补的参考本；《春秋左传正义》以刘炫的义疏为主，沈文阿的义疏为备补的参考本。孔颖达等人对义疏的选择并不是随心所欲的，而是认真审慎和富有理性精神的。在选择基本注疏之外，他还注意博采诸家经说，可谓是采诸家之说，成一家之言。

三是采用"注宜从经，疏不破注"的体例。《五经正义》原名《五经义疏》。所谓"义疏"，简言之，就是对儒经文字及前人注释的较为详细的解说。义，是大义、含义；疏，是疏通、证明、串讲。义疏的特点是逐字逐句串讲经书文字，其所凭借为前人注解，同时也对前人注解再进行通俗的解释。所谓"疏不破注"，即后人的疏证和解说不能超出原有注释的范围和界限，更不能违背甚至反驳前人的解释。在选定了注本和义疏本以后，就根据"疏不破注"的原则来处理二者之间的关系。凡是疏与注出现矛盾时，必须以注为宗，以疏服从注，哪怕是原注解释错了，也不予纠正，甚至不惜曲徇注文，严格维护注的权威。《五经正义》基本上贯彻了"疏不破注"的注疏原则。例如，《周易正义》极力维护王弼注的权威，王弼所未注者，亦委曲旁引以就之。《尚书正义》《毛诗正义》虽以刘焯、刘炫为本，但对他们穿凿附会、违背经义的做法大加批评。《春秋左传正义》依据杜预注对刘炫等人义疏进行取舍，凡刘炫驳正杜预之处，《正义》皆以为非。《礼记正义》虽以皇侃、熊安生的疏证为本，却依然以郑玄注为标准，指出皇、熊二人的乖误。

《五经正义》最为后人诟病的就是"疏不破注"。古今许多学者认为，这种注释体例致使一家之学独盛，而百家之学废弃。这种批评不无道理，却没有充分注意到编纂《五经正义》的主要目的和现实需要。实际上，孔颖达坚持"疏不破注"的原则，是由修撰《五经正义》的目的决定的。《五经正义》作为官修经书，其目的十分明确，即校正"文字多讹谬"的经典及传注版本，解决"儒学多门，章句繁杂"的问题，为学校教育和科举考试提供一个标准的读本和统一的经义。因此，最佳的编纂方式是：精选一家，以为正宗，排除异说，树立权威。这种注释体例可以使科举考试时不至于有歧义出现。

从思想史的角度看，解决"儒学多门"的问题可以有两种方式：一是综合诸家，自创新义，成一家之言，由朝廷颁行，从而独步天下。由于儒家的经典繁多，歧义纷纭，学派丛杂，这种方式的难度极大。颇有创建的董仲舒的春秋公羊学也没有做到这一点。如果确实做到了这一点，可能真的就会导致百家之学废弃了。因此，汉代以来，历代朝廷都采用若干流派的五经博士并存于官学的做法。二是精选一家，以为正宗。这是解决这一问题最简捷的办法，只需要确定文本，择善而从，有所阐发，树为权威，便可以达到目的。如果考虑到科举考试的客观需要，就不难看出孔颖达确定的方式在当时是最具可行性的。后来朱熹的《四书集注》正是在这种方式的基础上发展而来的。

许多古今学者认为，"疏不破注"的做法限制了思想的发挥，不具有创新意义。这种说法不无道理，却并不允当。注释经典原本就是儒学发展的重要形式，经学名著大多以经典注释的形式流传于世，而无论"注不悖经"，还是"疏不破注"，都属于同一种学术理路。实际上，所谓"疏不破注"，只是一个大体上的说法。《五经正义》贯彻了"疏不破注"的原则，却绝非简单归纳和总结前人的观点。孔颖达对注文不是简单搬用，而是作了进一步的阐发、引申。他用大量的考证来解说经义，疏通传注，并不是仅仅抬出原注的观点来贬斥异说。他在许多具体问题上还提出了新的学术观点。因此，虽然《五经正义》确实存在着一些缺陷，却不乏学术创新。这部经典注疏博采众说，自成一体，在学术上、思想上多有建树，在儒学发展史上占有重要的地位。

三、《周易正义》简介

在《五经正义》中，唯独《周易正义》十四卷的疏文未言所本，甚至没有列出以前的义疏名家。这表明《周易正义》的义疏没有采用前人义疏为底本，而是孔颖达撰写的新著。《周易正义·卷首》还对《周易》研究中的一些重大问题较系统地提出了自己的见解。《周易正义》的"正义曰"是孔颖达最具代表性的经学思想。

易学源流

《周易》亦称《易》《易经》。今本《周易》包括《易经》和《易传》两部分，二者合一的《周易》亦可称为《易经》。故研究《周易》的学问称易学。关于《周易》的成书年代、作者和性质历来众说纷纭，莫衷一是。

《易经》部分是卜筮之书，极有可能产生于西周前期，其素材来源于占筮资料，原本没有《易传》部分。古人以占筮的方法"预测未来，趋吉避凶"，并逐渐积累了大量的占筮资料。当时精通占筮的人按照一定的思维方式系统整理占筮资料，便形成了《易经》的文本。《易经》内容由两部分构成，即六十四卦的卦形符号与卦爻辞。卦爻辞是对卦形符号象征意义的解释以及相应的人事吉凶判定。卦爻辞中又分筮辞与非筮辞两类。筮辞是占筮的事由及其结果的记录，其中保存了许多殷周之际的史实；非筮辞是作者的说明文字。非筮辞在全书中分量虽少，却凝聚了作者的易理思想和社会政治主张。学者大多认为《周易》的经文是研究西周思想的重要史料。

《易传》是一部哲理性很强的学术著作，它注解《易经》，涉及对占筮起源、原理、意蕴、功用等方面的论述，共计七种十篇，有些独立成篇，有些插在经文相应部分之后。学者大多认为，《易传》是战国时期的作品，各篇产生的时间也有先后，作者来自儒家学派。因此，《周易》的传文属于哲学著作范畴，形成时间较晚，不可与《周易》的经文混为一谈。

经、传合一的《周易》形成以后，古代学者大多将其视为同出一脉。《周易》后来被奉为"经典"，故《周易》与《易经》均可以指称经、传合一的《周易》。《周易》就是《易经》，《易经》就是《周易》。

据《汉书·儒林传》记载，儒家学派非常重视易学的传承。据说，孔子传《易》于商瞿子木，子木传桥庇子庸，子庸传馯臂子弓，子弓传周丑子家，子家传孙虞子乘，子乘传田何子装。秦始皇焚书，因《易》为卜筮之书，不在焚毁之列。故此，秦汉以降，易学传授不绝。

汉代易学的鼻祖是田何。田何本是齐国贵族，因汉高祖刘邦下令将关东六国的旧贵族一律迁入关中，田何便定居杜陵，故人称杜田生。田何居家教授，守道不仕。汉惠帝仰慕其名，曾亲临其家听讲易学。田何的弟子很多，弟子们又各成一家。最为著名的流派有施雠、孟喜、梁丘贺、京房四家，都属于今文经学，并先后被立为官学。今文经学依据内容深浅排列五经的次序，故《易》被列为群经之首。

汉代易学派别还有费直、高相二家，属于古文经学，未能立为官学，仅在民间流传。东汉时，费氏易学逐渐兴盛，著名经学大师马融、郑玄、荀爽都传习费氏《易》，并分别为它作了传、注。其中郑玄的《周易注》是汉代最有代表性的注本。经过马融、郑玄等人的注释发挥，费氏《易》终于取代施、孟、梁丘、京房四家，占据主流地位。到魏晋，郑玄之学成为官学。但是，郑玄的易学并没有突破汉儒"象数之学"的窠臼。

魏晋之时，王弼、韩康伯继起，继续传播、注释费氏《易》。他们"尽扫象数"，以老子学说解《易》，侧重阐释义理，为后世的易学奠定了基础。南北朝时期，北方学者大多尊崇郑玄的《周易注》，南方学者大多尊崇王弼的《周易注》，还有许多经学家兼采两种易学思想。梁、陈时期，郑玄、王弼的《周易注》均被列为官学。到隋朝，王弼的《周易注》更为盛行，郑玄的《周易注》日渐式微。自孔颖达作《周易正义》以王弼注为宗本，汉代易学的影响力日趋消亡，具有浓厚玄学色彩的儒家易学思想占据主流地位。

宗本玄学家王弼的易学思想

《周易正义》的上下经六十四卦等以王弼的易注为标准注本，《系辞传》等则采用了韩康伯的易注。从学术思想体系看，孔颖达的易学思想以王弼的《周易注》为宗本，进而提出了一系列新的观点。

王弼（226～249），字辅嗣，三国时期山阳高阳（今河南焦作）人，魏晋玄学理论的奠基人之一。王弼出身官僚世家，家学渊源很深，为王弼的成长提供了良好的条件。据说，他十多岁时就喜好老子的学说，博学多才，能言善辩。他曾与当时许多清谈名士辩论各种问题，才思敏捷，词锋犀利，深得当时名士的赏识，被称为后起之秀。曹魏正始年间，大将军曹爽擅权，王弼补台郎。正始十年（249），司马氏击败曹爽，王弼受牵连被罢职。同年秋天，死于时疫，年仅二十三岁。

王弼人生短暂，就像流星一样匆匆闪过，但其学术成就非常卓著。他"排击汉儒，自标新学"，在学术上颇具创新精神，著有《周易注》《周易略例》《老子注》《老子指略》《论语释疑》等。其中，《周易注》一改汉代易学支离烦琐的传统方法，而以综合儒道、借鉴老庄的思想来解释《周易》。他侧重发挥《周易》的义理，提出自己的哲学观点，在学术上开一代新风。王弼的易学观体系庞大，内容深奥，其本体论和认识论所提出的新观点、新见解对以后中国思想史的发展具有深远的影响。

韩康伯是东晋时期的著名学者。他曾以"儒道合"的观点注《周易》的《系辞传》，又续注王弼《周易注》。其易学思想与王弼相近，都主张以"无"为宇宙万有的精神性本体。

孔颖达对王弼的《周易注》给予了极高的评价。他认为，汉代以来，易学一脉相传，直到马融、郑玄依然没有突破框框，"非有绝伦"。唯有王弼的《周易注》，堪称"独冠古今"。因此，南方的经学家并传其学，而"河北学者，罕能及之"。在《周易正义序》中，孔颖达规定义疏的一般原则是："删定考察，其事必以仲尼为宗；义理可注，先以辅嗣为本。"既以儒家的祖师为准绳，又以玄学的巨擘为宗本，结果必然是非孔非王，旧中见新，援玄学入儒，自成一家。

孔颖达遵循"疏不破注"的原则，着力于阐释王弼的观点。但是，他并非像后世批评的那样，"专崇王注，而众说皆废"。孔颖达既尊崇义理，又兼取象数，既明天道，又明人道，在许多问题上超越了王弼的思想。他还博采众家，融会贯通，广泛吸收两汉以来不同历史时期易学研究的优秀成果。据学者考证，《周易正义》引述诸家之说颇多，其中包括子夏、孟喜、京房、马融、郑玄、荀爽、刘表、虞翻、薛虞、董遇、陆绩、何委、王肃、姚信、向秀、王廙、干宝、孙盛、顾欢、刘瓛、褚氏（仲都）、崔氏（奴）、周氏（弘正）、张氏（讥）、庄氏、卢氏、何氏（妥）等近三十位易学家的说法。孔颖达兼收并蓄，熔于一炉，使《周易正义》成为自《易传》产生以来两千多年易学发展史上最为完善的注疏，迄今仍为易学界所推崇。

《周易正义》没有说明采用哪一家的义疏为底本。总体而言，孔颖达对南朝易学的十余家义疏持否定态度，批评它们"辞尚虚玄，义多浮诞"。因此，在《五经正义》中，《周易正义》是唯一没有以前人义疏为底本的新著。

《周易正义》大体分为两部分：一是孔颖达序及卷首"八论"，二是疏文。前者集中而概括地体现了孔氏的经学理论，其中包括宇宙观、政治观、伦理观、社会观、易学观等。就易学而言，其序，尤其是卷首"八论"，乃是《周易正义》全书纲领性的通论。这一通论对《周易》诸多基本问题，如性质、作者、成书年代、易学传承以及汉代以来易学的演变和各家各派的易说等，均作了简明而深刻的阐述与评论。同时，这一通论对于人们准确、全面、深入、系统、具体地解读《周易正义》，具有非常重要的指导意义。后面的疏文部分包括孔颖达自身对《周易》的注释阐述以及对王弼、韩康伯易注的进一步解说。孔颖达完整而系统的易学思想在其疏文中得以全面展示。

在发挥王弼派易学的基础上，孔颖达全面总结了汉魏以来的易学成果，并形成了具有自己独特风格的解易方法。孔颖达的学术抉择也符合儒道合流的思想发展趋势。《周易正义》既是孔颖达经学思想的代表作，也是唐代易学最高成就的代表作。

《周易正义》的重大学术贡献

《周易正义》有许多学术贡献，这里仅列举三个重大的方面。

在关于《周易》之"易"的解读方面，孔颖达综合汉代的易纬《乾凿度》和经学大师郑玄的意见，作出了自己的解释。他认为，"《易》一名而含三义：易简，一也；变易，二也；不易，三也"。《周易》之"易"的基本内涵是"变易"，即"夫易者，变化之总名，改换之殊称"。天地万物无时无刻不处于运动变化之中，犹如"阴阳运行，寒暑迭来，日月更出"，因此，世间各种事物"新新不停，生生相续"，万物生生不息都是不断变化的结果。所以，《周易》是一种变化的哲学。但是，有些事物与法则是不变的，比如"天在上，地在下；君南面，臣北面；父坐，子伏，此其不易"。人世间的尊卑等级定位是永远不能变易的，因此，"不易"是"易"的第二个基本内涵。"易"的基本内涵还包括"易简"，即简易。易道的变化形式以简易的方式体现出来。诚如《系辞》所言："乾以易知，坤以简能。易则易知，简则易从。"《周易》由最基本的一（代表阳）和－－（代表阴）符号来推演八卦、六十四卦，这是"简"；由六十四卦、三百八十四爻解释世界万物，这更是"简"。一阴一阳，变化运行，囊括了万种事物之理，这就是"易简"。孔颖达的这个思想获得了中国古代大多数学者的认同。

在世界本原的解释上，孔颖达阐发了魏晋玄学"有生于无"的观点，提出"有从无出，理则包无"的思想。他认为，"有形者生于无形"，世间万物产生于虚无或太虚，无形又分为太易、太初、太始、太素四种形态，渐次衍生出有形来。于是他勾画了自然生成之道，即太易（"未见气"）发展为太初（"气之始"），再到太始（"形之始"），进而到太素（"质之始"），然后从万物混沌不分的状态发展出可视可见的世间万物。孔颖达认为，"物之存成，由乎道义。"自然之道为天地万物之母。从生成次序上看，道比太一、太初、太始、太极、太素更根本。道是宇宙万物的老祖宗，又是天地万物赖以存在和演化的依据。道主宰着万物生化，万物以道为本，因而道是天地万物和人类社会的最高法则。道被赋予本体、本原的意义，在逻辑上也就不存在主宰一切的"天"。"天也者，形之名也。"天无非是有形物体中的庞然大物。孔颖达将天道自然思想纳入主流儒学，这在儒学发展史和统治思想发展史上具有划时代的意义。

孔颖达从道器论的角度进一步论证了道的本体论。他认为，道与自然虚无之气一样，不可形求，不可类取，它超然于自然现象和社会现象，只能靠理性思维去领悟、去琢磨。因此，"道即无也"，"器即有也"，"道是无体之名，形是有质之称。凡有从无而生，形由道而立"。道是有形无物的抽象，形器是具体事物；先道后形，道体器用。"故以无言之，存乎道体；以有言之，存乎器用。"道无形体，无方所，无声无臭，视之不见，听之不闻，超越经验，却又是自然现象和社会现象之所以然者，深藏于事物内部，是事物的本质。孔颖达阐发《周易》"一阴一阳之谓道"的思想，把阴阳互动看成自然、社会、人事的共同规律。"无阴无阳乃谓之道"，道高于阴阳，通过阴阳互动操纵着天地万物的演化，确立人类社会的规则。天地、社会、人事由阴阳构成了一个整体系统，道则是阴阳之根。"故以言之为道，以数言之谓之一，以体言之谓之无，以物得开通谓之道，以微妙不测谓之神，以应机变化谓之易。总而言之，皆虚无之谓也。"孔颖达极力夸大道的玄虚、微妙和抽象性质，无非是要从理论上把道置于最崇高的地位。他采纳道家、玄家的思想材料，以自然虚无释道，使儒学的道进一步抽象和升华。但是，作为一位硕儒，他并没有让自己的道论流于自然无为、虚无玄化，而是赋予它实实在在的社会政治意义。在大道为本的思想主导下，孔颖达以儒学为基础和核心，把名教论与自然论结合在一起，以自然本体论论证政治伦理，以政治伦理论证自然本体，从而将主流儒学的思辨水平提升到一个新的高度，并为宋代理学的天理人欲之辨开辟了道路。由此可见，孔颖达的思想是从两汉经学走向宋明理学的一个重要环节。

董仲舒和孔颖达分别是汉唐两代官方儒学的代表。如果将二者的学说加以比较，就会发现他们一个以神圣之"天"为一切原则的本原，声称"道之大原出于天，天不变道亦不变"，一个以自然之"道"为最高范畴，高举"大道为本"的旗帜。这在政治哲学上是有明显区别的。《五经正义》对儒学化的"大道为本"论有比较系统的阐述，并以官方的名义在政治上予以确认，树为正统。这标志着儒学从此正式步入一个新的发展阶段。

四、《尚书正义》简介

孔颖达的《尚书正义》以《孔传古文尚书》为宗，集尚书学之大成，不仅丰富了儒家政治思想的经典依据，而且发展了儒家的民本思想，从而在统治思想发展史上写下了浓重的一笔。

尚书学渊源

《尚书》是战国以前官方文件的汇编，其内容为史官所记古代统治者的言论，包括诰（君对臣的讲话）、谟（臣对君的讲话）、誓（君主的誓众之词）、命（册命或君主的某种命令）、典（记载重要史事的文字）。《尚书》编辑成书是在春秋战国期间。先秦文献皆称《书》，汉代列为五经之一，始称《尚书》，又可称为《书经》。"尚"与"上"同义，本义指上古之书。

在先秦，《书》已经广为流传，《左传》《国语》和先秦诸子纷纷引用。秦始皇焚书，《书》首当其冲，因而几乎绝传。

从此以后，在篇目、真伪、传承等方面，《书》成为经学中歧见最多的一部书。

在尚书学的存亡继绝方面，秦朝博士伏生是关键人物。汉文帝下令在全国征召能通晓《尚书》的学者，听说在济南乡里传授《尚书》的伏生最为著名，欲将他招至京中。可是伏生已经九十多岁，不能应召。于是，汉文帝派晁错去济南聆听伏生口授，将《尚书》二十九篇（一说二十八篇）用汉代通行的字体记录下来。这就是《今文尚书》。伏生今文尚书学的传人有三个著名派别，即欧阳高、大夏侯（夏侯胜）、小夏侯（夏侯建）三家。欧阳高的尚书学在汉武帝时被立为官学。大、小夏侯氏的尚书学在汉宣帝时也被立为官学。

古文尚书学是有别于今文尚书学的经学流派。《古文尚书》出现过多次，个中真伪后世说法不一。所谓"古文"，实际是秦统一全国文字之前的六国文字。这些《尚书》的篇数、内容与《今文尚书》有所不同，称为《古文尚书》。汉景帝时，河间献王搜集到了一些用古文字书写的先秦旧籍，其中就有《尚书》残片。鲁恭王想侵占孔子旧宅，在拆除时发现了不少古书。这批被发现的古书中也有古文《尚书》四十五篇，人们称之为孔壁《古文尚书》，被公认为真《古文尚书》。鲁恭王将这些书都交还给了孔子的后人孔安国。

孔壁《古文尚书》比伏生的《今文尚书》多出十六篇，是用蝌蚪古文写的，当时的人都不认识。孔安国加以整理，并进行传授，在尚书学中自成一派。汉武帝末年，孔安国将《古文尚书》献于朝廷。不料正遇巫蛊之祸，未及施行。加之《古文尚书》语言晦涩，文字难识，所以一直封存在皇家图书馆里。古文尚书学仅在民间私下流传，未被列为官学。

汉成帝时，刘向、刘歆开始用《古文尚书》校勘《今文尚书》文本。汉哀帝时，刘歆建议将《左氏春秋》《毛诗》《逸礼》《古文尚书》等列为官学。刘歆的提议遭到了今文经学博士们的强烈反对，因此《古文尚书》仍然未能立为官学，但因此而扩大了影响。

王莽篡权后，刘歆得到重用，包括《古文尚书》在内的古文经学成为王莽新朝的显学。东汉建立后，虽然废除了王莽所立的古文经学博士，而古文经学还是以不可遏止的势头发展起来。到东汉中后期，古文经学影响力越来越大，《古文尚书》越来越受到经学家的重视。

东汉初，杜林曾经得到一部漆书《古文尚书》。此书可能也是孔壁《古文尚书》。著名经学家贾逵、马融、郑玄等都为杜林所传的《古文尚书》作注，从此《古文尚书》显于世。其中，郑玄的《古文尚书注》是最具权威的注本。他注释《尚书》以古文经为主，兼采今文经，取众家之长而融会贯通，一时四方学者翕然从之，影响遍及全国。魏晋时期，王肃曾为《尚书》作注，也被立为官学，与《尚书》贾逵、马融、郑玄等学派并行。从此以后，今文尚书学的著作逐渐散失。

东晋初期，豫章内史梅赜献给朝廷一部《古文尚书》，共五十八篇，题为孔安国传。这个版本补足刘向等人所说的古文经篇数，集聚春秋以来人们所引用的《尚书》文句，博采西汉以来今古文经师的解说，并以通俗的语言逐句加以解释。这个版本一经问世便获得朝廷的青睐和学者的喜爱，因而被立为官学，广为流行，逐步取得《书经》的正统地位。孔颖达的《尚书正义》便采纳了东晋以来的这个通行本。

孔颖达称赞《孔传古文尚书》文字平易，义理弘深，内容丰富。他认为，在诸家义疏中，唯有刘焯、刘炫的最为"详雅"，因而多采用二刘之说。但是，孔颖达又指出：二刘义疏得失参半。刘焯自视超过前儒，喜欢综合经文，穿凿附会，标新立异，结果无义而生义，过犹不及，而刘炫又走到另一个极端，解释过于简略，辞藻过于华丽。于是，他参合二刘的义疏，充分借鉴前人成果，考定是非，辨伪存真，广征博引，增删修改。孔颖达为《尚书》作疏共计六百三十二条，语言明晰，解释清楚，将尚书学提升到一个新的高度。

在经学史上，《孔传古文尚书》的问世是一个影响深远的历史事件。这部《尚书》集以往尚书学之大成，是一部经学杰作。孔颖达的《尚书正义》流传以后，《孔传古文尚书》一家独盛，其他各种不同版本的《尚书》经文及注本便不再流行，就连郑玄的《古文尚书注》也逐渐佚失。从此以后，《孔传古文尚书》被绝大多数读书人奉为正经正注，一直是影响最大的《尚书》读本。今天我们能够看到的《尚书》版本都是出自这部《孔传古文尚书》。

《孔传古文尚书》极有可能是一部托名之作。自唐宋以来，一些著名学者就开始考辨该书的真伪。到清代，这个本子被判定为"伪古文""伪孔传""伪孔本"，并获得了学术界的广泛认同。然而，这个伪本在思想史上的重要作用却是实实在在的。它虽被视为伪书，却非凭空捏造，其文句皆有古代文献依据，是集聚已知文句的《尚书》版本。其中，今文二十八篇是商周历史文献的孑遗，其史料价值尤为珍贵。东晋以来，它被立为官学。在唐代，它是官学的标准读本。宋代以降，这个《尚书》版本依然广为流行，除了少数学者以外，绝大多数读书人奉之为经典。作为一个长期流传的《尚书》通行本，它不仅可以为研究汉唐时期的经学思想提供重要的史料，还可以为研究宋元以来的政治观念提供重要的史料依据。

《尚书正义》的民本思想

《尚书正义》的思想贡献以发展与传播民本思想最为突出。这集中体现在两个方面：一是大量增加了涉及民本思想的经文数量，二是进一步强化了对民本思想的阐发与弘扬。

《孔传古文尚书》比伏生所传的《今文尚书》多二十五篇，在经文的篇幅上有大量的扩充。孔颖达将这些篇章纳入《尚书正义》。于是，这些篇章所记述的思想也具有了官方认可的"经"的地位与属性。这些新增加的经文有许多与民本思想密切相关的思想材料，诸如：《大禹谟》的"德惟善政，政在养民"；《五子之歌》的"民惟邦本，本固邦宁"；《益稷》的"烝民乃粒，万邦作乂"；《仲虺之诰》的"懋昭大德，建中于民"；《汤诰》的"惟皇上帝，降衷于下民"；《太甲》的"民罔常怀，怀于有仁"；《咸有一德》的"惟天佑于一德，惟民归于一德"；《盘庚》的"罔不惟民之承"；《说命》的"不惟逸豫，惟以乱民"；《毕命》的"道洽政治，泽润生民"；《泰誓》的"民之所欲，天必从之"；《蔡仲之命》的"皇天无亲，惟德是辅"；等等。这些思想材料都是《今文尚书》所没有的。当时人们不仅不怀疑这些篇章是伪作，反而奉为圣王典诰，并常常将它们用作议论政治的经典依据。这必然强化了民本思想的影响力。

在《尚书正义》中，孔颖达全面阐释民本思想。他基于立君为民、民为国本的认识，强调安定民生是国家的基本职能，养育民众是君主的主要职责。在孔颖达的政治思想体系中，从

"立君为民",到"民惟邦本",再到"政在养民"的推导、论证关系十分清晰。

孔颖达注疏《泰誓》及孔安国传,系统阐释天为民而作君师的思想。他指出:"天佑助下民,不欲使之遭害",因此设立君主,使之治理广大臣民,教化芸芸众生,"立君治民乃是天意"。"治民之谓君,教民之谓师",君主身兼君与师双重角色,既是国家的统治者,又是民众的教化者。因此,君主理应顺从天意,"佑助上天,宠安四方之民,使民免于患难"。这就要求君主必须像天一样关爱民众、养育民众、教化民众,做到"不夺民之财力,不妄非理刑杀"。这就从国家与君主制度的本原、本质、目的与主要职能的角度论证了民众为天下、国家之本的思想。

孔颖达注疏《五子之歌》《皋陶谟》《泰誓》《蔡仲之命》等篇及孔安国传的君权天赋、天从民欲、惟德是辅的思想,系统阐释了"民惟邦本,本固邦宁"的道理。他指出:君主的权力是上帝赋予的。"皇天无亲,惟德是辅",唯有道德高尚的人才能获得天命,而道德是否高尚取决于是否赢得了民众的拥戴。"天明畏,自我民明威"。如果一个君主违背天意,虐待百姓,就会招致民众的反抗,甚至会导致天命改变,王朝更替。"民之所欲,天必从之"。如果有德之人获得民众的拥戴,天命就会降临于他,使之登上天子之位。孔颖达阐释《五子之歌》的"民可近,不可下"和舆马之喻,指出:最高统治者治理国家犹如手持腐朽的缰绳来驾驭六匹马拉的车舆,而民众犹如慓悍的拉车之马。稍有不慎就会缰绳扯断,马匹逃逸,车毁人亡。因此,众怒难犯,君临天下的最高统治者必须如履薄冰,如临深渊,时时刻刻敬畏民众。"专欲难成,犯众兴祸"。一旦君主惹恼民众，就会落到"万姓仇予"的地步。到那时"天下愚夫愚妇"，无论哪一个人，都能制服君主。这就从君位的获得与更替的角度，论证了广大民众在政治生活中的地位与作用，进而提出了君主必须遵守的基本规范和爱民、敬民、安民、保民的治国为君之道。

孔颖达注疏《大禹谟》及孔安国传的"德惟善政，政在养民"思想，阐发"为政以德"与"养民之本"及相关的各种政策原则。他认为，"政之所为，在于养民"。民众是国家之本，政治以爱民为大，爱民以养民为大。"王道"可以归结为一个"德"字，"德"主要体现于"善于政"，而德政在于"养民"。因此，君主必须做到"正德，利用，厚生"，即"正身之德，利民之用，厚民之生"。君主"为政以德"，才能使"民怀之"；君主"正德以率下"，才能使民殷国富；君主重视物质资料的生产，才能做到"厚生以养民"。

在《尚书正义》中，还有许多篇章及注疏论及民本思想。孔颖达的特点是运用自然本体和伦理本位相结合的道论论证民本思想，因而在民本思想哲理化方面也多有超越前人的理论贡献。

五、《毛诗正义》简介

孔颖达的《毛诗正义》是一部诗经学的集大成之作。他在孔子删诗、"三体三用"说、赋比兴释义、"六义"排序、《诗经》章句结构等方面均有创新之处。因而在《诗经》研究史上具有里程碑式的重要意义。

诗经学的源流

《诗经》是中国最早的一部诗歌总集，它收集了从西周初期至春秋年间的诗歌三百零五篇，包括《风》一百六十篇，《雅》一百零五篇，《颂》四十篇。春秋末，《诗》的定本已经形成。孔子可能参与过《诗》的整理。先秦称为《诗》，或取其整数称《诗三百》。西汉时被尊为儒家经典，始称《诗经》。秦始皇焚书，《诗》曾被付之一炬。但是，由于《诗》是入乐的歌词，口耳相传，易于记诵，流传广泛，士人普遍熟悉，所以民间仍然流传。

在汉代，齐人辕固生、鲁人申培、燕人韩婴、鲁人（一说赵人）毛亨传授的诗经学最为著名。这四家分别简称齐诗、鲁诗、韩诗、毛诗。四家诗经学之下又可细分为若干支派。

齐、鲁、韩三家属今文经学，西汉时都立为官学。汉景帝时，辕固生被立为博士，《齐诗》曾盛极一时。可是其后学偏爱杂糅阴阳五行谶纬之说，到后来影响力日渐衰弱。《鲁诗》的渊源可以追溯到荀子。汉文帝时，申培被立为博士，他的学术特点是比较严谨。因此，《鲁诗》在汉代的声势最大，传授也最广，其传人多有显达者。韩婴在汉文帝时为博士，他推阐诗人的本意而作《诗内传》《诗外传》，其学术特点是"引诗证事"。《韩诗》的传承者为数偏少。

一般认为，《毛诗》属古文经学，清代考据家对此坚信不疑。但是，这个观点缺乏确凿无疑的证据支撑。在汉代，《毛诗》是民间私学。据说，毛亨的诗学渊源可以追溯到孔子的弟子子夏。毛亨著《毛诗诂训传》，他为《诗经》所作的传简称《毛传》，这种版本的《诗经》简称《毛诗》。《毛诗》的特点是"以史证诗"，有坚实的史学基础。《毛诗》是汉代四家诗唯一完整流传下来的《诗经》文本。

西汉末，刘歆尊崇《毛诗》，主张把《毛诗》列为官学。从此，《毛诗》影响渐大。东汉以后，《毛诗》大盛。著名学者卫弘、贾逵、马融、郑玄都治《毛诗》。其中，郑玄为《毛诗》和"毛传"作《笺》，在经学界影响极大。笺是对经传的一种注释形式。郑玄自谦"不敢言注"，故将自己的传注称曰笺。他以《毛传》为主，兼采今文三家诗说，通过对《毛诗诂训传》的笺注，系统地阐发了他对《诗经》的理解和认识，从而实现了今古经学的融合。自郑玄《毛诗笺》出现后，今文三家《诗》逐渐退出历史舞台。其主要原因在于今文三家《诗》不论在史实上，还是在训诂章句上，都比《毛诗》逊色，有的还掺杂谶纬之说。郑玄以宽博精审的学识笺注《毛诗》，使得《毛诗》脱颖而出，彻底取代了今文三家《诗》。鲁、齐、韩三家之书日渐废弃。

魏晋以来，《毛诗》立为官学，一枝独秀，《毛传》与《郑笺》成为最完整和最权威的《诗经》传注。到南北朝后期，陆德明作《经典释文》，他指出："《诗》虽有四家，齐、鲁、韩世所不用，今亦不取。"又说："《齐诗》久亡；《鲁诗》不过江东；《韩诗》虽在，人无传者。唯《毛诗》《郑笺》独立国学，今所尊用。"

在这样的背景下，孔颖达编撰《五经正义》时采用《毛诗》和《郑笺》也就是顺理成章的事了。从此，《毛传》《郑笺》《正义》三者成为完整的体系，也成了《毛诗》的标准读本。今天我们看到的《诗经》就是毛诗一派的传本。

《毛诗正义》共有疏文一千四百一十条，对全部三百零五首诗歌都作了详尽的说明。孔颖达既尊《毛传》，也重《郑笺》，调和两家之说，持论归于一致。其疏文以刘焯的《毛诗义疏》和刘炫的《毛诗述义》为底本。孔颖达的《毛诗正义》对二刘之作"削其所繁，增其所简"作了系统的梳理、删改、增补、阐发，形成了新的阐释体系。除此以外，孔颖达还搜集自先秦至隋代的大量《诗经》资料，广征博引，充分吸收前人注疏中的相关成果。这就使《毛诗正义》在资料的丰富性和经义的规范化方面远远超越了以前的《诗经》传本。

《毛诗正义》的学术贡献

《毛诗正义》对传统诗经学的发展，不仅体现在集前人之大成，而且体现为开拓性。在《诗经》的解读及解答相关学术问题方面，孔颖达提出了系统的学术观点，多有推陈出新、颇具创意之处。兹举数例如下。

关于《诗经》的编者，孔颖达对传统说法提出质疑。自司马迁《史记》提出"孔子删诗"说，长期以来人无异辞。只有东汉学者郑众、郑玄持怀疑态度，却语焉未详。孔颖达认为"孔子删诗"的说法不恰当。他指出：从历史记载和典籍引用的情况看，司马迁所说的古诗原有三千余篇并不可信，孔子编诗也不可能将十分之九的篇目都删去了。历史事实是：早在孔子之前，《诗》三百篇以及编排次序早已定型。《诗经》的编次及相应的教化系统的构建应当出于周代乐官之长的手笔。孔子并非最初的编诗者，他只是对其中很少的一部分作了编定和调整而已。孔颖达的观点更接近历史事实，在《诗经》研究史上具有突破性的创新价值。宋代以后，围绕《诗经》的编定者，学者们聚讼纷纭，至今不息。可以说，孔颖达是这一学术争论的"始作俑者"。

关于"诗六义",孔颖达提出了新的见解。《周礼·春官·大师》有"六诗"之说,即"教六诗:曰风,曰赋,曰比,曰兴,曰雅,曰颂"。《毛诗序》则有"六义"之说,即"《诗》有六义焉,一曰风,二曰赋,三曰比,四曰兴,五曰雅,六曰颂"。这就引发了一系列的思考:"六诗"是指六类诗吗?"六义"和"六诗"是两个相同的概念,还是不同的概念?"六义"之间关系是并列的,还是主从的?为什么《诗经》中只有风、雅、颂,而没有赋、比、兴?自汉以来,这类悬疑一直未解。为了解答这些问题,孔颖达率先提出"三体三用"说,较好地解决了传统《诗》学"六义"说的悬疑。他明确提出:"六诗"不是指六种诗,它与"六义"是相同的概念。"六义"可以区分为两组性质与功能不同的概念,其中风、雅、颂是《诗》的三种体裁,赋、比、兴是《诗》的三种表现手法。体裁与手法之间是体用、主从关系。"赋、比、兴是诗之所用",即诗的表现方法。孔颖达将传统的"诗六义"说重新标界为"三体三用"说,这种解释比含混地并称"六诗"自然合理得多。此说一出,影响极大。孔颖达关于赋、比、兴是诗的表现方法的观点迄今仍为大多数学者所认同。

在对风、雅、颂名称和次第的解释上,孔颖达也有创新之见。他认为,风、雅、颂三者都是"取政教之名,以为作诗之目"。《诗经》的编次是按照教化需要组成的一个完整系统,风、雅、颂的先后顺序是由教化展开的逻辑决定的。"风"可训为"风俗""风化"。各国的风俗不同,因而需要针对各国有不同的教化,于是把反映这些国家"风俗""风化"的诗歌称为"风"。"雅"训为"正","正"又与"政"可通。天子施教，可以使天下齐正。于是，反映天子政教情况的诗歌，以其"齐正"的特征命名为"雅"。"颂"可解释为"容""形容""形状"，意为赞美盛德之形容。天子德被四方，道教周备，教化成功，告知于神明。于是，反映庆典、祭祀的诗歌命名为"颂"。由此可见，风诗为诸侯的政教，雅诗为天子的政教，颂诗为典礼之事，风、雅、颂由教化的阶段不同而依次为序。在孔颖达看来，先风化人民，使之感悟，再使人民齐正，最后使其有包容之德，达到天下和谐的地步，这样教化就算大功告成了。

孔颖达对赋、比、兴的解释更具完整性。赋、比、兴的概念，自东汉郑众、郑玄与齐梁时刘勰《文心雕龙》的阐释之后，已逐渐清晰与完整起来，而解析最为完整者，当推《毛诗正义》。孔颖达疏解郑玄对赋、比、兴之释义，对郑玄的所谓"刺诗之比""美诗之兴"的机械区分颇不以为然。他认为，"赋"的意思是"铺陈今之政教善恶"，直陈其事，无所避讳，由于得失俱言，故涵盖赞美与讽刺。"比"的意思是"见今之失，取比类以言之"，指的是讽刺诗之比，由于有所批评，不敢直言，故比托于物。"兴"的意思是"见今之美，取善事以劝之"，指的是赞美诗之兴，由于属于颂扬之词，故以美好的事情来进行劝谕。实际上，赞美与讽刺都可以运用比、兴。孔颖达的观点显然比郑玄的说法更全面。从这个事例也可以看出，《五经正义》虽然遵循"疏不破注"的传统规矩，却坚持存真求实的编写原则。每遇不妥、不确乃至错误之处，都一一加以辨析，提出更合理的解释，其中不乏学术创新，多有真知灼见。

六、《礼记正义》简介

自汉代以来，《礼记》就是经学的重要典籍。孔颖达的《礼记正义》不仅正式确定了《礼记》的经典地位，而且丰富了儒家的礼治思想。

由"记"变"经"的《礼记》

中华古代文明的核心是礼乐文明。自周公制礼，历代皆有制礼之作。于是，礼仪与礼义在社会生活和思想文化中的地位不断提升。长期居于主流文化地位的儒学就将区别君臣上下贵贱之礼作为其思想体系的核心。先秦儒学将《礼》视为经典之一。到汉代，礼学的主要经典有《仪礼》《周礼》和《逸礼》。《仪礼》又称《礼》《礼经》《士礼》，属于今文经，学官设有专门研究《仪礼》的博士。《周礼》《逸礼》则属于古文经。

按照汉儒的说法，圣人对礼的规定与阐释属于"经"；贤人弥补"经"的不足，追述圣人之学，便构成了"记"。因此，关于礼的典籍有经、记之分。一般说来，《礼》指《礼经》，《礼记》指诸儒记礼之说。《礼记》就是战国至汉初儒家解释《礼经》及阐述自己思想的一部文献汇编。

汉代礼学有三大著名流派，即大戴之学、小戴之学和庆氏之学。这三家礼学在传授今文《礼》的同时，分别编选阐释《礼》的著作，从而形成三部很流行的《礼记》类的典籍，即后人所说的《大戴礼记》《小戴礼记》和《庆氏礼》。据说，《大戴礼记》和《小戴礼记》分别为西汉时期礼学名家戴德、戴圣选编。二人是叔侄辈分，故世称大戴、小戴。汉宣帝分立大戴礼、小戴礼博士，这两家属官学范畴。

影响最大的当属戴圣的《小戴礼记》。从《小戴礼记》四十九篇的内容看，它包括《仪礼》残存十七篇和已经散佚的若干篇古礼传记，或解经所未明，或补经所未备，或阐释经义，或追述远古异制，或总结礼例，或记述因爵位不同而引起的器物、仪式之差异。到东汉后期，人们将小戴本专称《礼记》，与《周礼》《仪礼》合称"三礼"。一般说来，《礼记》就是指《小戴礼记》。

东汉末年的郑玄作《周礼注》《仪礼注》《礼记注》，成为第一位通注"三礼"的经学大师。郑玄的注解简约清晰，严谨精审，思想融贯，使长期以来混乱不清的礼学出现了统一的阐释体系。于是郑玄的"三礼"注迅速地流行。魏晋时期的王肃也为"三礼"作注，清除了郑玄经注中的若干谶纬迷信。郑学与王学各有优长，并立为官学，影响广泛。在这个背景下，其他各家的礼学逐渐被人们遗忘。

"三礼"之称实际上将《礼记》视同经典，使《礼记》的地位迅速上升。思想丰富的《礼记》比罗列礼仪的《仪礼》简单明了，便于记诵。于是，学习《礼记》的人越来越多，原本被视为礼经的《仪礼》反而受到冷落。因此，《礼记》取代了《仪礼》的地位，并逐渐由解说经文的著作演变成为经典。陆德明在南北朝后期所作的《经典释文》将《礼记》采入，实际上已经将《礼记》视为经典。孔颖达编纂《五经正义》选择《礼记》而非《仪礼》，并以郑玄的《礼记注》为注文。这样，《礼记》作为经的地位最终确定下来。

孔颖达的《礼记正义》遵从郑玄《礼记注》，疏文则主要依据南朝梁皇侃《礼记义疏》，参考北周熊安生的《礼记义疏》。孔颖达指出：皇侃的义疏章句详明，却过多过广，遵守郑玄注，却又多有违背郑义之处，这好比是"木落不归根""狐死不首丘"。熊安生的义疏"违背本经，多引外义"，犹如南辕北辙，马跑得虽快，却离目的地更远。两家相比，还是皇侃稍胜一筹，因此以皇侃的义疏为本，有所不备的地方，则用熊安生的义疏补充。

在《礼记正义序》中，孔颖达广征博引，考证礼的起源与流变、"三礼"的成书流传和注疏家。《礼记正义》各篇小序，叙各篇之所属及来源等，保存了郑玄《三礼目录》的佚文。孔颖达对郑玄的《礼记注》作了详细的疏证，做了大量的补缺、考据工作。他对皇侃、熊安生等人的异说也多有批驳、修正。孔颖达为《礼记》作疏共计一千七百二十条。这些疏文，注释详尽，分析透彻，多是先总结概述内容，然后详细地解释词句。《礼记正义》考证详博，尤其注意利用"三礼"经文及郑玄"三礼"注互证；每篇之中分节解释段落大意，条理清晰，使读者一目了然；引证繁富，为后世保存了不少佚书的材料。因此，许多学者认为，在《五经正义》中，《礼记正义》的学术成就最高。

以礼治仁政为中心的治国之道

孔颖达认为，礼是人类社会和君主政治具有普遍意义的基本原则。他以礼治仁政为中心，提出系统的治国之道。

关于礼的起源，孔颖达认为，"夫礼者，经天地，理人伦。本其所起，在天地未分之前"。这就是说，礼是一种天地自然与人类社会共同遵循的法则和道理。这种法则与道理在宇宙混沌、天地未分之时就已经存在了。因此，《礼记·礼运》说：

"大礼必本于太一。"用礼来规范自然与社会的各种事物的现象理应是与天地一同出现的。因此,《左传·昭公二十六年》记录了晏子的一个说法:"礼之可以为国也久矣,与天地并。"宇宙间的各种事物都"自然而有尊卑",比如羊羔跪着吃奶,鸿雁排成次序飞行,这些动物生来就懂得尊卑等级之别及相应的礼仪,并没有谁教导它们。由此可见,尊卑贵贱"自然而有",区别尊卑贵贱的礼也不是人设定的。因此,"天地初分之后,即应有君臣治国",君主制度和等级制度完全符合自然之理。他又详细列举了一大批文献、著述的相关记载或观点,以供读者参考。在孔颖达看来,礼的法则来自宇宙本原,万物皆有尊卑之序,人类有生以来便有君主制度并实行相应的礼制。

关于礼的宗旨,孔颖达认为,"父子、君臣之道,是礼之大者也"。礼的主要内容是君臣父子之义、男女夫妇之别、朋友之交等"人之常理"。礼的具体规范有父慈子孝、兄良弟友、夫义妇听、长惠幼顺、君仁臣忠等"人之常行"。礼既是伦理道德,又是政治准则。如果违背礼,违背三纲五常,就会导致社会政治秩序的混乱。因此,必须贯彻礼制,"父子、君臣、长幼之道得而国治"。

关于礼的功能,孔颖达认为,维护天地万物与人类社会的等级秩序是礼的主要功能。在他看来,道是礼的本质,礼是道的化身,"礼之大纲之体,体于天地之间"。礼与道同体,"道犹礼也",礼就是道,道就是礼,礼就是天地人的总则,天地"所生之物,皆礼以体定之"。因此,宇宙间的一切事物都必须由礼来规范。在人类社会,礼是社会政治制度的依据,《礼记·乐记》认为"礼义立,则贵贱等矣",讲的就是这个道理。

关于礼与人性,孔颖达认为,"礼为人之本"。礼就是天道人理，而对天道人理的最大威胁来自人的情欲。"自然谓之性，贪欲谓之情"。人之初原本没有情欲，诞生于人世后，逐渐受到不好的影响，于是滋生了情欲，助长了贪欲，甚至"灭天理而穷人欲"。这种现象是"大乱之道"。要避免这种现象必须借助礼。"裁制人性以礼义"，"治人之道于礼最急"。

关于礼与制度，孔颖达认为，"制度在礼"，礼的主干是一种社会政治制度，"国家尊卑上下制度，存在于礼"。国家必须实行礼制，礼对君臣上下都提出了行为规范，故"礼达而分定"。礼又是思想言行的准则和规范，"礼者，体也。统之于心，行之命道，谓之礼也"。如果顺应礼教，就可以"宗祐固，社稷宁，君臣序，朝廷正"；如果违背礼教，就会导致"纪纲废，政教烦，阴阳错于上，人神怨于下"。因此，礼为政教之本，"非礼无以事天地之神，辨君臣长幼之位"。

关于实行礼治的主体，孔颖达一再大讲"礼从天地"，圣人制礼，同时又反复强调实行礼治的主体是最高统治者。他阐释《中庸》的"非天子，不议礼，不制度，不考文"，指出：制礼作乐的必须是居于天子之位的人，"礼由天子所行，既非天子，不得论议礼之是非"。这种思想实质上是把制定一切制度和规范的权力奉献给最高统治者。于是，礼变成君主手中的政治工具。孔颖达主张君主"制礼以教民"，动用礼、乐、刑、政等各种手段驯化人性、节制情欲、防范民众。

在强调礼、礼制、礼治的同时，孔颖达也强调仁、仁义、仁政。他认为，"道德为万事之本，仁义为群行之大"。仁义推广到政治领域，就是以"爱人"为基本特征的仁政，"既能兼行仁义至极，可以王有天下"。因此，"为政之道爱养民人为大"。礼治与仁政相辅相成，构成完整的治国方略，其主旨有六：一曰法天地，二曰重人伦，三口制礼法，四曰行仁义，五曰用中庸，六曰为无为。由此可见，《礼记正义》将儒家关于礼、礼制、礼治的思想发展到一个新的高度。

七、《春秋左传正义》简介

孔颖达为《春秋》作《正义》，采用的是《左传》及杜预注。他将春秋学也推向了新的高度。

"微言大义"的今文经春秋学

在儒家经典中，《春秋》是很特别的一部。其他经典都明显具有表达思想的意味，《诗》旨在抒发感情，《书》主要讲究政道，《礼》系统说明礼义，《易》重在阐释哲理，而《春秋》本是一部记事之作，却被儒家赋予了许多原本未必有的意义。于是，春秋学成为歧义最多的一门学问。

《春秋》本来是东周前期列国史书的通称，诸如周之《春秋》、齐之《春秋》等。各国《春秋》中只有鲁国的《春秋》流传下来，成为中国现存最早的编年体史书。《春秋》是鲁国史官的著作。据说，孔子曾删定《春秋》，而现代学者大多对这种说法提出质疑。至于孔子曾将《春秋》用作教材的说法则大体可信。

关于《春秋》的作者，古代经学家们有不同的见解，有的极力主张《春秋》就是孔子的著作，有的认为孔子只是笔削过《春秋》。无论认定孔子亲作，还是坚持孔子笔削，经学家们都认为《春秋》是孔子思想的重要载体，将其视为儒家的主要经典。春秋学是经学的重要组成部分。

春秋学从产生之日起就不是史学。《春秋》本是史学著作，其内容多是言简意赅的记事，如果离开人们的解释，几乎看不出任何好恶褒贬。孔子借助这部《春秋》，发挥自己的思想，探究其"微言大义"，开创了影响深远的春秋学。孔子用《春秋》来教学生，根本不是在讲历史。著名经学家为阐释和解说《春秋》所作的"传"也不以还原历史为宗旨。即使考证、疏理史事，也是为了挖掘《春秋》中的"义"。因此，春秋学从一开始就不是专注于研究历史事实的学问，而是一种着重阐释"君臣之义"的学问。历代经师对《春秋》的经义发挥最多，相关著作可谓汗牛充栋。《春秋》被赋予了诸多神圣的意义，于是，这部史学著作便跻身于经典的行列。

春秋学是一种通过解释经文的弦外之音来阐释个人见解的学问。由于对《春秋》理解和解释的角度不同，逐渐形成了不同的学派。孔子以后，春秋学主要有公羊、穀梁、左氏、邹氏、夹氏五家。据《汉书·艺文志》记载，当时邹氏的著作无人传授，夹氏的著作仅存书目。因此，汉代春秋学主要是三家：公羊、穀梁、左氏，皆自成体系，各都有传，即《春秋公羊传》《春秋穀梁传》《春秋左氏传》。其中《春秋公羊传》《春秋穀梁传》属于今文经学，均被列为官学。《春秋左氏传》属于古文经学，只是在民间传授而已。

在《春秋》三传中最先受到重视的是《公羊传》。春秋公羊学是研习《公羊传》的专门之学，而《公羊传》则是阐释《春秋》的一种传注，为传其学者所作。据说，这种学问发端于孔子高足子夏的门人公羊高。其后父子授业，师徒传承，逐步形成一种经学流派。在汉代，公羊学派大师辈出，他们张扬"大一统"，大讲"君臣之义"，受到皇帝的重视，也赢得众多的信奉者。所以，公羊学在汉代很流行，人们争相学习，因而最为兴盛，最有影响。

《穀梁传》也有很高的地位。春秋穀梁学是研习《穀梁传》的专门之学。据说，这种学问发端于孔子高足子夏的门人穀梁子。其后父子授业，师徒传承，逐步形成一种经学流派。《穀梁传》是阐释《春秋》的一种传注，为传其学者所作，大约在汉代写定。《穀梁传》所发挥的经义与《公羊传》大体相似，又有一些自身的特色，如内容敦厚务实，强调礼义教化，重视宗法亲情等。汉宣帝设立穀梁春秋博士，使之取得与公羊学派并列的地位。东汉初年设置五经十四博士，穀梁学废而不置。此后，穀梁学逐渐衰微。

公羊学、穀梁学由盛而衰的根本原因在于专注于以注释经典的形式阐释个人的政治理念，从史学与实证的角度看很难说有什么学术价值。一旦这种政治理念失去了影响力，这个学派也就失去了影响力。例如，许多今文经学者围绕《春秋》的前四个字"春王正月"的"微言大义"争吵不休。为了解释为什么"春"在"王"的头上，"王"在"正月"的头上，经学家们不知费了多少口舌，打了多少笔墨官司。无论从学术含量看，还是从思想发展看，这类争论都毫无价值。因此，今文经学被学风朴实严谨、学术价值较高的古文经学所取代可谓势在必行。正是由于这种原因，《左传》逐渐受到人们的重视。

定《左传》杜预注为一尊

《左传》是《左氏传》《左氏春秋》《春秋左氏传》的简称。《左传》的成书显然早于《公羊传》《穀梁传》。在学术界占主流地位的意见认为，《左传》的作者是与孔子同时的鲁人左丘明。《左传》也以注释经典为目的，但是主要以传事的方式解读经典之义，试图为解释《春秋》提供充分的事实依据。它杂取各国的史料，保存了大量的可靠史实。

《左传》具有《公羊传》《穀梁传》不能匹敌的优点。它着重记述历史事实，文字简朴，叙事详明。《公羊传》《穀梁传》侧重微言大义，附会现实政治，其学术价值难以与《左传》相比。因此，《左传》越来越受人重视，两汉之际和东汉时期的严彭祖、扬雄、马融、郑玄等经学大师都曾传授《左传》。所以《左传》的影响日渐扩大，而《公羊传》和《穀梁传》则逐渐衰落。

但是，将《左传》立为官学之事却举步维艰。汉哀帝时，刘歆建议将《左传》等古文经列为官学，虽遭到今文经博士的强烈反对未能成功，却扩大了《左传》的影响。汉光武帝时，古文经学家、尚书令韩歆上书朝廷，主张为《左传》设置博士。经过几番辩论后，光武帝决定将《左传》立为官学，设立博士。但是，由于今文经博士们的反复抗争，此事不了了之。不过，从此研习《左传》的人与日俱增。汉章帝时，古文经学大师贾逵认为《左传》优于《公羊传》《穀梁传》，遭到公羊春秋博士李育的反驳。在白虎观会议上，贾逵和李育是辩论的主角。贾逵的意见受到了汉章帝的赏识，于是下诏各选高才生学习《左传》等古文经典。从此，古文经学日益兴盛，逐渐压倒了今文经学。东汉末年，今文学家何休抬高《公羊传》，贬低《左传》。郑玄针锋相对予以反击，为支持《左传》一派的胜利奠定了基础。魏晋南北朝时期，郑学成为官学，《左传》的地位才得以确立。

注释《左传》的著名学者代有其人。西汉的张苍、贾谊，东汉的陈元、贾逵、马融、服虔，曹魏时的王肃、董遇，西晋的杜预等，都曾为《左传》作注。其中，服虔的《春秋左氏传解谊》曾风靡一时，影响很大。郑玄认为服虔的观点与自己的理解相同，遂放弃独立为《左传》作注的愿望。杜预的《春秋左氏经传集解》则是一部划时代的著作。

在春秋学史上，杜预《春秋左氏经传集解》的问世是一个标志性的历史事件。杜预（222~284），字元凯，西晋京兆杜陵（今陕西西安市）人，是著名的政治家、军事家和经学家。他是晋灭吴国的军事统帅之一。他博学多才，勤于著述，通晓政治、军事、经济、历法、律令、工程等，时人称之为"杜武库"。他自称有《左传》癖，著有《春秋左氏经传集解》三十卷。

在杜预看来，孔夫子之经与左丘明之传是对史实的记载，解经者不应牵强附会。他将原本单行的经、传二者合一，集经、传而解之，使《春秋左氏经传集解》成为真正意义上的阐释《春秋》的著作。他归纳总结《左传》的书例，使《左传》研究脱离了字句训诂的窠臼，具备了真正解释学的意义。《春秋左氏经传集解》集《左传》研究之大成，"集众美于一身"；注释简约、合理，接近《春秋》本来的史书性质；经、传、注一体的文本又为读者提供了便利，因此很快就风行一时。东晋初年，杜预注与服虔注并立为官学。

南北朝以来，服虔的《春秋左氏传解谊》大行于北方，而杜预的《春秋左氏经传集解》流行于南方，成为当时影响最大的两大注本。在隋代，杜预注日益盛行，而服虔注逐渐式微。

孔颖达赞赏《春秋左氏经传集解》的经学成就。他指出：服虔等人"杂取《公羊》《穀梁》以释《左传》"，这好比头上穿鞋，用丝综麻，方枘圆凿，根本无法圆融一体，而依据左丘明之传，解释孔子之经，这好比"子应乎母，以胶投漆"，形成了很好的解释体系。由此可见，比较先儒的优劣，杜预当属第一。因此，他编纂《春秋左传正义》，采用了杜预注，定《左传》杜预注为一尊。《五经正义》的盛行使《左传》杜预注取得经学正宗的地位。

南北朝以来，涌现出许多《左传》义疏作者，如沈文阿、苏宽、刘炫等。孔颖达认为，沈文阿的体例有可取之处，而刘炫之作实为诸儒之翘楚，无人可比。因此，他的《正义》以刘炫的《春秋述议》为蓝本，加以修订，其有所不足之处，则以沈氏义疏弥补。两者均不可用时，则自己提出看法和意见。孔颖达广泛吸收前人研究成果，审慎选择前人义疏，做了大量考证、修订、增删、辨析的工作。由此可见，《春秋左传正义》不乏创造性的学术见解。

历代经学家注释、解释《春秋》，皆以论说"君臣大义"为本，左氏传、杜预注、孔颖达疏不可能脱离这个窠臼。但是，比较而言，杜预注更为重视阐释为君之道，强调立君为民、民为国本、政在养民，诸如"民为神主，不恤民，故神人皆去"、"上思利民，忠也"、"能得民，不患无土"、君主应"以百姓之命为主"、君主应"酌取民心以为政"、"国之用民，当随其力任"、"民无灾害，则上下和而受天佑"等。孔颖达借助义疏《左传》杜预注，张扬民本思想，主张君主应忠于社稷、勤于政务、顺应民心，"养民""恤民""利民""教民"。他指出：民心向背关系到国家兴亡、军事胜负，如果"民不奉上"，为民上者就会"失业"。对政治关系、政德规范、治民方略、重民政策等，孔颖达也多有阐释。他提出了系统的治国之道，对暴君暴政也多有批评，从而强化了儒家经学"经世致用"的政治取向。

八、孔颖达在中国思想史上的地位

孔颖达的主要历史贡献是主持编纂《五经正义》。因此，《五经正义》的成就，也就是孔颖达的成就。《五经正义》是儒学发展史上一部承上启下、继往开来的经学著作。从学术史的角度看，它是一部超越前人的经学巨著；从政治功能的角度看，它以统一经学的方式，为唐朝统治者提供了统一的意识形态；从思想演化的角度看，它大体完成了主流思想理论形态的转型。

推出超越前人的经学巨著

到唐朝，经学已经产生一千多年，旷日持久的经学内部的争鸣与融合，积累了大量的思想成果和学术素材。各种重要经学学派的优长与弊端也得到相当充分的展示。在这样的背景下，推出摒弃门户之见的经学巨著是经学自身发展的必然趋势和客观要求。如果说《五经正义》是顺应经学发展趋势的产物，那么推出这部超越前人的经学巨著的孔颖达就是出色地完成这一历史任务的著名学者。

《五经正义》也曾受到后儒的批评。有些批评不无道理，例如，受当时认识水平的局限，包括孔颖达在内的一大批著名经学家都没有识破《孔传古文尚书》是一部伪书。尽管这个伪本在思想史上的重要作用是实实在在的，而从学术研究的角度看这显然是重大失误。以伪造的孔安国传为宗本自然难免遭到后人的诟病。有些批评则显失公允。一些出于学术偏见而提出的批评反而使人们从一个侧面看到《五经正义》的特点和贡献。

以思想成就最大的《周易正义》为例，许多学者指出：这部经学著作对先秦以来的易学进行全面、系统的理论总结与发展，是易学发展的理论结晶。孔颖达在发挥王弼派易学的基础上，承继、整合、超越象数易学与义理易学两大对立的学术流派，使儒家易学的理论思维水平达到了一个新的高度。《周易正义》对后世易学发展也产生了广泛而深远的影响。可以说，《周易正义》是易学史上最为完善的注本，在易学及易学哲学史上具有划时代意义。

《周易正义》也是招致非议最多的著作，但是一些批评显然有失公允。兹举三例。

例如，出于讲究义理之学的理学家的偏见，朱熹瞧不起以"明经"为目的的《周易正义》，认为《周易正义》是《五经正义》中最差的。在他看来，"伏羲自是伏羲易，文王自是文王易，孔子自是孔子易"。"文王易"偏离了"伏羲易"的原意，"孔子易"也不是伏羲、文王的本意，唯有他自己的易学著作堪称"本义"。可是他"象不穿凿，也不可忘"的主张，恰恰是受了《周易正义》既重视义理，又不轻视象数的影响。

又如，《四库全书提要》的作者批评孔颖达只尊王弼注，致使诸家学说皆被废弃。实际上，《周易正义》不仅对王弼注多有纠正、调整、补充、扬弃和超越，而且引用了三十余家易注。如果没有《周易正义》的长期流传，很多珍贵的易学资料恐怕早已亡佚。实际上，集易学之大成，确立一家之言，既是

《周易正义》的编纂目的，也是孔颖达的主要成就。

又如，出于讲究考据的"乾嘉汉学"的偏见，许多清朝学者批评孔颖达的正义"无古文之所引，亦非考证之疏"。乾嘉汉学是兴盛于清代乾隆、嘉庆时期以考据为主要治学方法的学派，又称乾嘉学派。由于这一派的学者推崇汉代经学训诂考据的治学方法，所以有"汉学"之称。这一学派的著作注重经文字句的考证，相关资料的罗列，很少有理论发挥，其学术贡献虽不容否认，却大多缺乏思想价值。这一派经学家自然对重视发挥义理的《周易正义》评价甚低。实际上，孔颖达善于训诂，单从考据训诂学的角度而言，其成就之高，也是不可否认的。更何况孔颖达在中国思想发展史上的贡献和影响是乾嘉汉学家们望尘莫及的。

后世儒者对《毛诗正义》多持肯定态度。这部经学著作清理汉魏以来诸家异说，广征博引，资料丰富，编排科学，阐释明畅，考辨精审，多有创见；在相当长的时间里，没有其他同类著作可以比拟。《毛诗正义》对诗学思想也作出了重要贡献。《四库全书总目》的评价是"融贯群言，包罗古义，终唐之世，人无异词"，故赞誉为"于说《诗》亦深有功矣"。其学术成就和历史影响由此可见一斑。

《礼记正义》也是一部多有赞誉、很难超越的经学巨著。《礼记》乍看文字浅显，其实经义深奥难懂。孔颖达精通"三礼"，他对深藏于经文的奥旨大义有详尽的解释和发挥，甚至经有不备则补之，注义不明则以疏补充之。朱熹认为《五经正义》中《礼记正义》最好。《四库全书总目》评价是"采撷旧文，词富理博，说礼之家，钻研莫尽"。清代学者研究经学的风气很盛，其他经典皆有新疏，唯独《礼记》阙如。由此可见，孔颖达的学术成就是难以超越的。

清朝的一些经学家致力于复兴汉学，他们每每攻击孔颖达抄袭前人成果。刘文淇甚至认为《春秋左传正义》中仅有百余条是孔颖达自己的解释，其余全是刘炫旧疏。这种说法违背常理，经不起推敲。正如清末学者李慈铭指出的：如果孔颖达"尽掩前人，攘为己有"，无论当朝皇帝，还是当代大儒，一眼便可识破。孔颖达饱读诗书、奉敕撰述，难道不懂得人言可畏、欺君有罪的道理吗？

孔颖达博学多才，慎思明辨，却谦逊审慎，治学严谨。每一条疏文，每一份材料，他都同许多学者反复研究斟酌。对待前人的成果，有分析，有比较，扬其精华，弃其弊端，补其缺漏。他为各篇作的序言句式整齐，修辞精妙，文势奔放，用精湛的语言高度概括经书的思想内容及社会效用，系统评价前人的成果。他所作的疏文，有的寥寥几笔，有的洋洋数千言，而不论其长短，都能详细准确地解释原文的字句含义，展现其深奥的内涵。实可谓既忠于原著，又有意义升华；既能借鉴前人的注疏，又能纠正前人著述中谬误的不朽之笔。《五经正义》无愧为超越前人的经学巨著。

基本实现儒家经学的统一

作为奉敕而作的官修经书，《五经正义》的编纂目的十分明确，即超越学派之争，摒弃门户之见，整理经典文本，统一章句训诂，为维护和巩固王朝统治提供重要的学术基础。

孔颖达完成了朝廷交给他的这一政治性极强的学术任务。《五经正义》采用"各去所短，合其两长"的编纂方针，兼容诸家，融通南北，定于一尊。它的颁行有助于矫正"负恃才气，轻鄙先达，同其所异，异其所同"的学术风气，从此"论归一定，无复歧途"，结束了经学内部自西汉以来的各种纷争，包括今、古文经之争，郑、王学之争，南、北学之争以及每一部经典之学的家法师说之争，完成了中国经学史上从纷争到统一的演变过程。

《五经正义》对唐代的思想文化有广泛的影响。它是国家颁布的学校教育统一教材，又是朝廷法定的科举考试评定标准。唐代国子学设五经博士，各级学校教育，除专科性质者外，均以《五经正义》为课本。因此，唐代绝大多数读书人都深受《五经正义》经学思想的熏陶。它在刻画时代精神风貌方面发挥着重大作用，深刻地影响了有唐一代乃至五代、北宋时期官僚士人的学术思想和政治意识。例如，著名思想家、文学家柳宗元称五经是"取道之原"，他的自然天道、大中之道、生人之道显然受到《五经正义》的影响，有些言论直接取材于该书。仅此就足以确立《五经正义》在思想史上的地位。

《五经正义》与当时获得广泛认同的君道理论是相辅相成的，它对政治生活也有深刻的影响。五经中原本就将道德和政治紧密地交织在一起。孔颖达在义疏中明确地把许多政治伦理命题归之于君主，专门以君德立论，阐明了道与德、德与政、君与德的关系，提出了系统的君德论。他从道与德、德与政、君与德等角度反复论证了君德在政治中的地位和作用，几乎把一部《五经正义》变成了君德大全。孔颖达论及的君德规范名目繁多，诸如泛爱施生、诚信公平、礼敬贤能、尚谦恭、制奢纵、防微杜渐、居安思危、虚怀纳谏等。这些君德规范构成了系统的为君之道，对现实政治具有指导作用。

只要大致浏览一下《旧唐书》《新唐书》，就不难发现历朝皇帝和宰辅公卿都认同这一套为君之道和君德规范。在皇帝诏旨、朝廷文诰和奏疏谏章中，这类思想常常被引用，成为朝堂议政的经典依据。

应当指出的是：许多学者在评价"统一经学"的时候，往往简单地认定其目的是加强思想控制，认为这势必影响学术的多元化发展。实际上，统一经学、指定教材、以经取士等行政措施的确有强化思想控制的目的和作用，其客观效果也进一步增强了官方儒学的影响力。但是，在通常情况下，唐代的统治者对儒、道、佛三教采取兼容并蓄的政策，除个别皇帝外，并没有明令禁止其他思想流派的存在。许多皇帝还大力扶植佛教、道教。其中，道教经典《老子》（《道德经》）、《庄子》（《南华真经》）、《文子》（《通玄真经》）、《列子》（《冲虚真经》）等也是明经考试的科目。与此相应，"学穷三教，博涉多能"成为一代学风，思想文化领域依然保持了多元发展的态势。即使在儒学内部也依然存在不同的学术风格和不同的经义阐释。

历史事实表明，经学的统一不仅没有成为儒学进一步发展的障碍，反而推动了儒学理论的自我改造。在唐代，儒学内部围绕一批重大理论问题展开争论，形成了天道自然思潮、兼三教思潮、心性思潮。天道自然思潮，集中表现为有唐一代大批著名学者，沿着《五经正义》的思路，从哲学和历史的角度，对天人感应、谶纬符瑞作了批判乃至否定。兼三教思潮主要是在排佛与容佛的互动中掀起波澜的，但容佛是为了升华儒学，排佛是为了独尊儒学，儒学正是在排佛中擎起了道统的大旗，又在容佛中发展了道统论。心性思潮受佛、道影响尤深。这个思潮推动儒学重新开掘孟子以及《中庸》《大学》中的某些思想因素，进一步向心性义理方向发展。三大思潮又可以归纳为道思潮，即对儒家之道的思考和论证。儒学以天道自然论弱化天人感应论，以道统论强化自我派别意识，以复性论对抗佛教的佛性论和道家的道性论，从而以进一步哲理化的"道"占据理论斗争的制高点。这样，儒家学说在重大理论问题上取得了主动。宋明理学就是在这个基础上发展出来的。

大体完成主流思想理论形态的转型

思辨水平稍逊于其他一些重要学派是儒家学派天生的不足之处。在老子、庄子"大道为本""内圣外王"的哲学体系面前，孔子、孟子的"天命"论相形见绌。这是儒家经学自身发展必须解决的重大课题。以董仲舒为代表的汉代今文经学之所以迅速产生重大影响，重要原因之一就是它致力于演绎"天人合一"论，注重阐发"微言大义"，推动了儒学思辨水平的提升。

但是，儒家虽然在统治者的扶植下占据了官方学说的宝座，成为主流文化的代表，却依然底气不足。今文经学不仅没能真正占据思辨的制高点，反而因充斥无根之谈而走向虚妄，因大讲天人感应而走向神学，甚至因偏爱谶纬之学而走向歧途。古文经学可以以朴实的学风调整今文经学的某些弊端，却无法完成提升儒学思辨水平的任务。这个任务只能通过经学的玄学化来解决，而经学玄学化的实质是借鉴道家"大道为本""天道自然"，为"礼治""名教""君臣大义"提供更为强有力的哲理性依据，进而使"礼""仁"等儒家偏爱的概念提升到"天理""自然之理"的高度。

如果通观思想演化的历史轨迹，就不难发现：从汉魏到唐宋，主流思想的理论形态发生了重大变化，这一变化的主要内容就是吸收道家的思辨成果，全面提升儒学的思辨水平。

作为不同时代主流思想的典型代表，汉代经学和宋代理学的理论形态有明显的差异。这集中表现为它们分属两大哲学类型。以董仲舒为代表的汉儒将"天"视为"百神之大君"，认为人类社会的一切法则取决于天神，"天"凌驾于"道"之上，"天不变，道亦不变"。以朱熹为代表的宋儒以天为"自然之理"，认为人类社会的一切法则取决于"自然"，"天理"至高无上。理学还把儒家的心性之学推向极致。这表明，由汉至宋，占主流地位的儒家学说的哲学基础有了重大转变，集中体现为"天"这个范畴的神秘色彩逐步淡化，从而使"名教"与"自然"高度结合在一起，形成更具思辨性的思想体系。

主流思想理论形态的转型有一个漫长的过程。正是在天人感应、谶纬神学极为盛行的时代，一些思想家开始试图调整、改造儒家思想的哲学基础。为了反制神秘主义思潮，许多严肃的思想家纷纷从《老子》中寻求思想武器。西汉末年的扬雄著《太玄》，宣扬天道自然无为，推出第一部成功地兼综《易》《老》的儒学著作。东汉初年的桓谭、王充等张扬"天道自然"，作出了重要的理论贡献。许多著名经学家也将"孔子师老聃"传为佳话。马融注《老子》《淮南子》。《易》学名家虞翻作《老子注》。经学大师郑玄引《老》注《易》，还可能著有《老子注》。他们对当时及后世的学风有很大的影响。

"名教"与"自然"的结合是儒家学说向前推进的内在需

要和不断升华的必然结果，而实际历史进程是以物极则反的形式完成这一结合的。到魏晋，崇尚"自然"的玄学取代张扬"名教"的经学成为思想领域的主角。玄学家大多非道非儒，似道似儒。他们以三玄（《老子》《庄子》和《周易》）为经典，以名教与自然的关系为思辨的核心命题，论证了名教与自然的内在一致性，从而以精巧的形式弥合了儒道两种思想体系的裂缝。在南朝，不仅王弼的《周易注》被立为官学，经学也呈现出玄学化的特征。"天道自然"的思想对经学有重大影响。

孔颖达奉命主持编纂《五经正义》，把玄学家的注释纳入其中。尽管在《五经正义》中还有一些谶纬之学的孑遗，而"大道为本""天道自然"已成为其哲学思想的基调。例如，在义疏《尚书·咸有一德》中"天命"一词时，他指出："天道远而人道近。"这里所说的"天命"并不是天用"言辞文话"来指挥人。天以其神明保佑人，"使之所征无敌"，这就是"受天命"。由此可见，作为经学家，孔颖达无法绕开儒家经典中的"法天""天命"之类的概念。但是，在解读中，他却尽可能地弱化了天人感应的成分，更加重视人文和义理。因此，孔颖达的天命观与汉代经学的天命观有明显的区别。

从汉代经学的"天为大神"，到唐代经学的"天道自然"，再到宋代理学的"天理"，经历了漫长的演变过程，主流思想哲学基础的转型才得以彻底完成。在这个演化过程中，孔颖达的思想具有承上启下的作用。他积极吸收道家、玄学的思维成果，以天道自然论弱化天人感应论，提出自然本体与伦理本位相结合的道论，初步实现了官方儒学的哲学转型。这表明主流思想开始正式把"自然之理"作为自己的哲学基础。《五经正义》从思想材料、理论命题、治学方法、思维方式等各方面都为儒学下一步的发展奠定了基础。在这个意义上，可以说《五经正义》是宋代理学的滥觞。由此可见，孔颖达的思想贡献具有重大的历史意义。

年 谱

574 年（北齐武平五年） 孔颖达出生。他是孔子三十二世孙，祖籍山东曲阜。孔颖达十世祖东汉的孔扬封下博亭侯（封地在今河北省深州、衡水交界处。隋、唐时期，下博南部归属衡水）。从此孔氏宗族中的这一支世居下博。

577 年（北周建德六年） 北齐灭亡。

581 年（隋开皇元年） 隋文帝篡夺北周政权，建立隋朝。孔颖达就学，日诵经书千余言，开始默记《三礼义宗》等。

592 年（开皇十二年） 就教于同郡名儒刘焯。不久，他回到家乡从事教学工作。

605 年（大业元年） 参加明经考试，名列前茅，授河内郡博士。

608 年（大业四年） 隋炀帝下令征召各郡儒官，集中于洛阳，与全国最高学府国子学的秘书学士"论难"，由礼部尚书杨玄感主持其事。孔颖达舌战群儒，拔得头筹，遭到先辈宿儒的嫉恨。他们遣刺客刺杀孔颖达，辛亏杨玄感将孔颖达接到自己府中居住，才使其幸免于难。补太学助教。

613 年（大业九年） 杨玄感举兵造反。孔颖达避祸虎牢。

618 年（唐武德元年） 隋炀帝在江都被部下宇文化及等缢杀。李渊建立大唐，改元武德。身在洛阳的王世充与东都留守的主要官员拥立越王杨侗为帝，改元皇泰。任命孔颖达为太常博士。

621 年（武德四年） 秦王李世民围攻洛阳，王世充投降。孔颖达入唐，任国子助教。十月，秦王府置文学馆，孔颖达被授为文学馆学士，成为著名的"十八学士"之一。

626 年（武德九年）　擢授国子博士，封为曲阜开国县男，食邑三百户，同时转任给事中。

628 年（贞观二年）　与唐太宗论纳谏，援引《易经》中的"蒙以养正，以明夷莅众"，论证君主虚心纳谏的重要性。

630 年（贞观四年）　加员外散骑常侍，行太子中允。

631 年（贞观五年）　唐太宗将建明堂。孔颖达上表，主张修建明堂应遵循古制，朴实无华。

632 年（贞观六年）　任检校国子司业。

633 年（贞观七年）　被任命为右庶子兼国子司业。

636 年（贞观十年）　奉敕与魏徵等编修《隋书》。孔颖达是主要撰稿人之一。书成，加散骑常侍行右庶子兼国子司业。

637 年（贞观十一年）　参与修订《五礼》。书成后，晋封子爵，食邑四百户。赐帛三百匹。

638 年（贞观十二年）　拜国子祭酒，仍侍讲于东宫。在此前后，开始撰写《五经义疏》，后诏令改名为《五经正义》。

640 年（贞观十四年）　唐太宗莅临国子学，亲观释奠礼，命孔颖达讲《孝经》。礼毕，孔颖达上《释奠颂》一篇，唐太宗手诏加以褒奖。

642 年（贞观十六年）　奉敕与马嘉运、赵弘智等人复审《五经正义》。唐太宗下诏使于国子监施行，赐孔颖达帛三百匹。由于马嘉运指责《五经正义》"颇多繁杂"，唐太宗下诏更使详定。

643 年（贞观十七年）　致仕，时年七十岁。

648 年（贞观二十二年）　逝世，享年七十五岁。诏赠帛三百匹，陪葬昭陵，谥曰宪公。

653 年（永徽四年）　唐高宗诏令颁行《五经正义》，作为科举考试的标准。

主要著作

1.《五经正义》（主编，署名孔颖达撰，含《周易正义》十卷、《尚书正义》二十卷、《毛诗正义》七十卷、《礼记正义》七十卷、《春秋左传正义》六十卷）。

2.《孔颖达集》五卷（亡佚）。

3.《对论语问》，收入《全唐文》。

4.《明堂议》，收入《全唐文》。

5.《释奠颂》（亡佚）。

6.《孝经义疏》（亡佚）。

参考书目

1. 刘泽华主编、张分田副主编：《中国政治思想史（隋唐宋元明清卷）》，浙江人民出版社，1996年。

2. 韩凤云、靳增钦主编：《中国唐代名人——孔颖达》，今日中国出版社，1995年。

3. 申屠炉明：《孔颖达 颜师古评传》，南京大学出版社，2006年。

4. 姜广辉：《中国经学思想史》，中国社会科学出版社，2003年。